EL DIOS FALLIDO

Por Otto Martin Wolf

PREÁMBULO

Aunque parezca extraño -y a veces hasta increíble- a lo largo del eterno tiempo de la Tierra, aún los más grandes genios de la humanidad, los autores de fabulosos descubrimientos e inventos, esos que forman la base de la actual civilización, portentos que van desde los héroes anónimos que lograron la domesticación del fuego y la invención de la rueda hasta Gutenberg, que nos dio la imprenta de tipos móviles y, con ella, el inicio de la alfabetización mundial. lo que condujo al desarrollo general del conocimiento y, consecuentemente, al desembrutecimiento.

O Newton, quizá el más grande de todos y Einstein o Galileo, Da Vinci y los "actuales" como Sagan, Jobs, Zuckerberg y Gates.

Y otros también desconocidos, perdidos en la niebla del pasado, como el inventor de la aguja, el corta uñas, el lápiz de grafito, el clip prensa papeles y las tijeras, todos ellos, en su momento, así como finalmente lograron el éxito, también cometieron errores y fracasaron una y otra vez -quizá muchas veces- hasta alcanzar lo que se proponían.

Los genios también se han equivocado y algunos de ellos lo han pagado con la pérdida de grandes capitales, prestigio, poder político o empresarial y -a veces- hasta con la vida.

La historia humana es la crónica de muchos éxitos y también, quizá en mayor cantidad, de fracasos.

Pero los fracasos conducen al éxito. Entre más fracasos se producen en la persecución de un sueño, o una idea, más cerca se encuentra la posibilidad de convertirlo en realidad.

Somos nosotros, los humanos actuales, los creadores de la más grande civilización que ha conocido el planeta, quienes hemos cometido los más enormes errores, algunos de los cuales han llegado hasta alcanzar la capacidad de terminar con todo, hombres y mujeres, moros y cristianos, plantas y animales.

Amenaza que será permanente precisamente -y por nuestra causa- mientras existamos como especie.

Los filósofos antiguos - así como mucha gente en la actualidad- consideraban los errores una prueba de la imperfección del hombre.

"Un ser imperfecto no puede crear cosas perfectas".

El pensador romano Séneca atribuía los desaciertos a su indolencia e irreflexión y, como es obvio, tenía razón.

Hoy día, sin embargo, equivocarse se ha vuelto algo totalmente aceptable, porque realmente lo es.

Los expertos ahora consideran el principio de ensayo y error no sólo algo normal, sino absolutamente esencial para el desarrollo y perfeccionamiento de las cosas.

Para el pensamiento moderno, todas las teorías no son más que modelos de la realidad, una realidad que se construye a base de prueba y error, de fracaso tras fracaso... hasta lograr el triunfo.

Fracasos y errores que pueden durar más de una generación, a veces mucho más, quizá miles de generaciones.

Como el antiguo criterio de que la Tierra era plana, creencia que duró desde el inicio de los tiempos hasta el año 1492, cuando Cristóbal Colón demostró su redondez.

Cierto que mucho antes ya existía el criterio científico de que era redonda, el griego Eratóstenes de Cirene – matemático, astrónomo y geógrafo de origen cirenaico desarrolló un sistema y calculó correctamente la circunferencia de la Tierra unos 150 años antes de Cristo. También calculó muy acertadamente la inclinación del eje de la Tierra.

Tristemente en la actualidad existe un movimiento llamado "Terraplanistas", quienes rechazan la redondez del planeta, demostrando que en todos los tiempos la superstición y la estupidez, tienen una muy cercana relación.

La buena noticia es que el error y la verdad también están conectados.

Cuántos habrán fracasado antes del triunfo de Colón? Cuántos aventureros anónimos perecieron en el camino a esa verdad?

Los errores son pasos esenciales en el camino hacia la verdad.

Si no nos equivocáramos, jamás llegaríamos a ella, pues es casi imposible lograr la perfección al primer intento.

El popular dicho "errar es de humanos" está totalmente justificado pues estamos bien lejos de la imposible perfección que se necesitaría para no cometer errores.

"Sólo dios no se equivoca" –dicen creyentes y fanáticos religiosos.

Pero de verdad los dioses no cometen errores?

Y entonces, qué sucede cuando el que se equivoca es dios - cualquier dios- como se ha comprobado a lo largo de los tiempos, con los miles de dioses que han existido y que, finalmente, han quedado como dioses fallidos?

Piezas de historia que deberían de servir para que, en el presente, los humanos no siguiéramos el ejemplo de los que -en su tiempo- creyeron en supersticiones, espíritus mágicos, seres superiores, creadores milagrosos, hacedores y dueños del cielo y la tierra.

Pensemos por un momento, preguntémonos dónde están ahora los dioses de los antiguos griegos, romanos, vikingos, incas, aztecas y egipcios.

Dónde están y qué valor tienen Zeus, Marte, Afrodita, Thor, Quetzalcóatl, Odin, Amón Ra y todos aquellos que en su momento fueron tenidos como los creadores del hombre, reyes del destino, criaturas perfectas, amos y señores del universo?

La triste e implacable respuesta es: en los museos, libros de historia y quizá en algunas viejas estatuas destrozadas por el paso del tiempo o comercialmente duplicadas por Hollywood en madera y cartón, nada más.

Los dioses todopoderosos y perfectos de la antigüedad desaparecieron cuando sus propuestas no resistieron el paso del tiempo, el avance de la ciencia o la llegada de nuevos dioses, con nuevas esperanzas y nuevos sueños para compartir con los también nuevos creyentes.

Nuevos creyentes casi siempre dispuestos a cambiar el raciocinio por la ilusión o, más bien, a aceptar las ilusiones cuando la ciencia no encuentra respuesta inmediata para preguntas naturales y normales: Quién creó todo? Quiénes somos? Para qué estamos aquí?

Y, muchas veces cuando, después de larga investigación, de lucha y fracaso de prueba y error, al encontrar la respuesta científica irrefutable, cuando ésta no está de acuerdo con las creencias y supersticiones de moda, desecharla sin piedad y, por elección, permanecer en la ignorancia y el oscurantismo.

Pero qué sucedió con todos los seres humanos que creyeron en esos dioses antiguos, gente como la actual, que puso vida, esperanza, alma y fe en manos del poder enorme y milagroso de esos dioses?

Dónde está la otra vida, esa vida después de la muerte para la que se preparaban con tanto cuidado y esmero los que creían en Atón, nuestro mismísimo sol convertido en dios por los egipcios?

Para ellos, que ignoraban que su dios era en realidad sólo una bola de fuego, para ellos tenía sentido - en parte- creerle y adorarle, al final de cuentas ellos SI podían ver a su dios, un dios verdadero que les daba luz y calor.

De hecho, entre todos los dioses inventados y adorados por el hombre, el sol es el único que ha sido visible, con poder y fuerza evidentes.

En su ignorancia sí tenían entonces una razón válida para creer en él; su puntual presencia diaria era el respaldo de la fe.

Todos los otros dioses han estado sólo en la imaginación de quienes han creído en ellos, inclusive los actuales: Buda, Alá, Cristo y más de dos mil dioses adorados por los hindúes.

Pero llegó un momento en que el ser humano se dio cuenta que el sol no era un dios, cuando la ciencia comprobó que es sólo una enorme bola de gases como hay millones de billones en el universo.

La ciencia, al mostrarnos la realidad de esa bola de fuego, terminó para siempre con Atón y todos los dioses basados en el sol.

Y, al no existir esos dioses, dónde fueron a parar las "almas" que los creyentes de su época les confiaron?

Todos los que se encontraban cómodamente en el cielo, en el paraíso, en la otra vida ofrecida por su dios, el sol; dónde están esas almas, dónde fueron a parar?

Qué se hicieron entonces los que creían en "la verdad" de la época, los que viajaron al "cielo" embalsamados y envueltos en tiras de lino?

Dónde están las almas de todos los que creyeron en dioses falsos, en todas las culturas, en todos los tiempos?

Nunca ha existido en ninguna mitología un lugar, un paraíso o un depósito donde vayan a parar las almas de todos los que creyeron en dioses falsos, esos que luego, con el paso del tiempo, se extinguieron o fueron sustituidos por otros, los nuevos dioses de moda.

Nadie ha inventado todavía el paraíso o lugar para el descanso final de todas las almas de los que creyeron en dioses fallidos.

Tampoco existe un infierno general donde han ido a parar todas las almas de quienes fueron malos y pecadores según las creencias de los miles de dioses que han existido desde el comienzo de los tiempos.

La ignorancia sobre el origen de los fenómenos naturales, los planetas y las estrellas, el misterio de la muerte y, sobre todo, el misterio de la vida, no les permitió siquiera vislumbrar la realidad: que sus dioses eran falsos, que nunca existieron, sólo en su imaginación.

Imaginación que llenaba con supersticiones todo aquello que la ciencia no había descubierto.

No tuvieron, como nosotros tenemos ahora, las respuestas a todas esas preguntas.

Si acaso el fanatismo y el temor a lo ignorado se los hubiera permitido, de haber sabido y comprobado que esos dioses cometieron errores, que esas deidades se equivocaron y que realmente sólo existieron en sus mentes -producto de su ignorancia- lo hubieran podido aceptar?

Porque aún en nuestros tiempos modernos, cuando tenemos una respuesta científica valedera a la eterna pregunta de cómo se inició el cosmos y la vida, aún ahora sigue habiendo millones que prefieren la "fórmula mágica", la creación mediante el mandato ordenado por el gran mago.

Hay millones que prefieren el "hágase!" mágico aunque la ciencia haya demostrado su falsedad.

Aún ahora, como en la antigüedad, hay millones que creen en seres invisibles con súper poderes.

Seres todopoderosos que, desde un lugar en el "cielo", dirigen, comandan, crean y destruyen, castigan y perdonan según sean "sus" leyes o mandamientos.

Los humanos siempre están dispuestos a creer en la magia cuanto se encuentran frente a un fenómeno natural que no pueden comprender o cuando el miedo y la ignorancia les vuelve ciegos.

Rayos que caen del cielo? Son lanzados por dioses enojados.

Sequía u otros males? Hay que bailar para que dios envíe el agua (que en un terrible acto de injusticia y maldad nos quita de vez en cuando).

Pestes y enfermedades? Vírgenes a los volcanes para calmar a los dioses.

Niños que nacen muertos, con microcefalia, miembros tullidos, síndrome de Down o cualesquiera de las miles de desgracias que le pueden ocurrir a los bebés? "Dios sabe lo que hace".

Pero, de verdad lo sabe?

Y qué sucede cuando se comprueba que en todo eso no hay "participación divina" y que, simplemente, así es como son las cosas en la naturaleza?

O, son errores de los dioses, de todos los dioses a lo largo de la historia?

Se equivocan los dioses?

Los errores de los dioses son la demostración de que su dios jamás fue el dios en que todos han creído y en cambio sólo la creación (perfecta) de los humanos, todo por la necesidad de algunos de creer en seres superiores que pueden garantizar la vida eterna, la vida después de la muerte.

O, también, los que buscan una respuesta sencilla para las mentes de aquellos que no entienden la ciencia o quizá hasta demasiado perezosos para estudiar y aprender la realidad científica.

Para algunos (muchos) es más fácil creer en la magia divina que estudiar.

Es más fácil creer en "hágase!" que profundizar en la ciencia y aceptar respuestas claras -aunque quizá complicadas.

Puede parecer infantil, pero es más fácil contar con los dedos que estudiar y aprender las tablas de multiplicar.

Dioses quizá creados algunas veces también para que aceptemos sin protesta nuestra situación cuando es terrible y les agradezcamos cuando las cosas marchan bien.

Dioses que premian la obediencia ciega y castigan brutalmente lo opuesto.

Dioses cuyas reacciones y comportamiento tan humano delatan precisamente su origen humano.

Dioses creados en la antigüedad para explicar lo inexplicable, para dar respuestas a los misterios que la ciencia aún no lograba o siquiera aspiraba a solucionar, dioses que existieron cuando aún no existía la ciencia.

Dioses que conforme pasa el tiempo han mutado, adaptándose a los avances científicos, tapando los baches dejados por los primitivos que los crearon, cuando se van destrozando mitos y creencias; como que "el cielo está arriba, un poco después de las nubes".

Porque cuando logramos volar a las nubes y al no encontrar ningún cielo, inmediatamente lo trasladamos más lejos, fuera del alcance de la vista humana.

Vienen entonces los telescopios, cada vez más poderosos, que nos muestran los más recónditos lugares del cosmos y tampoco vemos el cielo.

Pero la mente humana funciona así; en lugar de aceptar que no hay tal dios ni cielo, inventamos otro lugar –otra dimensión?- a la cual van a parar las almas de los buenos.

Dónde queda el cielo y dónde diablos queda el infierno?

Nadie lo sabe… o quizá sí.

En todas esas transacciones y transiciones, siempre dispuestos a brindar ayuda incondicional y desinteresada, están los enviados especiales de los dioses: santones, profetas, pastores y sacerdotes, gentes privilegiadas a quienes los dioses han escogido como sus agentes y poderosos representantes, como sus traductores e intérpretes.

Cada vez que desaparece un mito, cada vez que una religión muta para adaptarse a los avances científicos – el cielo va siendo acorralado más y más allá- hasta en la actualidad colocarlo en esa otra dimensión o en un "estado de gracia" imposible de ver mientras estamos vivos.

Y cuando eso sucede, en ese momento, qué pasa con las "almas" que la imaginación humana colocó en la ubicación anterior y temporal de ese cielo?

Qué se hicieron las primeras "almas", aquellas que, con devoción, obediencia y sacrificio, con rezos y donaciones, viajaron a un cielo que estaba arriba, apenas un poco después de las nubes?

Un cielo al que con facilidad han ascendido muchos dioses a lo largo del tiempo.

Dioses y cielos que no existen más, sólo en la leyenda, libros de historia y museos.

Cielo al que subieron Jesucristo y Mahoma, lugar de residencia de Brahma, dios hindú y antigua morada de Zeus, adorado por los griegos.

Zeus, un dios que enviaba los rayos del castigo, la destrucción y muerte, a todo el que le caía mal, un dios tan injusto como los de ahora, que tienen sus "pueblos elegidos".

Como Jehová, el primer discriminador racial de la historia.

Tuvieron esas almas que mudarse a la nueva ubicación cuando subió el primer avión y se comprobó que no había tal cielo en ese lugar, "un poco arriba de las nubes"?

Tienen que hacerlo actualmente cada vez que la ciencia coloca los ojos humanos más y más lejos en el cosmos sin encontrar el cielo prometido.

Cielo que se muda cada vez que la ciencia demuestra con mayor e indiscutible precisión cómo fue el inicio del universo, de galaxias, estrellas y planetas y, finalmente, cuando se sabe cómo fue el origen de la vida.

Hasta cuándo las diferentes religiones irán "reinterpretando" las palabras de sus respectivos escritos sagrados para adaptarlas a la razón única y verdadera de la ciencia que, sobre todas las cosas, es la comprobación de la realidad?

Hasta cuándo quienes creen en eso seguirán aceptando que la "promesa divina" se vaya adaptando a lo que la ciencia comprueba?

Y dónde supone que van a parar las almas de los creyentes en todos esos dioses cuando sus "paraísos" desaparecen?

Los muertos no pueden reclamar por el engaño, no pueden denunciar la superchería de que fueron objeto.

Quizá lo más intrigante de todo es por qué el ser humano está dispuesto a aceptar que todos los dioses de la antigüedad fueron falsos y a creer fuera de toda duda - con fe ciega como exigen muchas religiones- que el dios de ellos, el actual, es en realidad el verdadero y único.

Pueden hasta reírse de lo que otros creyeron, sin darse cuenta de que lo que ellos creen es sólo una moderna versión reciclada.

Quizá porque ninguno estará aquí cuando, en el futuro, gentes de otras civilizaciones, de otras culturas, de otras generaciones vayan a los museos o se encuentren con el dios actual en los libros de historia.

Otras generaciones que reirán –como lo hacemos nosotros ahora con Zeus o Thor- cuando lean en sus computadoras que hubo quienes creyeron que un Josué pudo detener un sol que no se mueve o que hubo uno que, sin ayuda de una patineta voladora, pudo caminar sobre las aguas.

Gente que en la actualidad, en el magnífico presente de conocimientos y tecnología, rechaza la ciencia y escoge creer en lo que le hace feliz, aunque sea en ese gran mago de cabello blanco y ubicación imprecisa, quien logra todo con simple "hágase"

SIEMPRE PARTE DEL PREÁMBULO: EL SENTIDO DE LA VIDA

Creo que no existe una sola persona que alguna vez en la vida no se haya hecho la pregunta: Cuál es la razón de nuestra existencia.

Es una pregunta válida y es normal que cada mente inquieta se la haga.

Debemos ser sinceros y claros, es difícil imaginar una razón colectiva, una sola razón unificadora para la existencia de los miles de millones de seres que han existido a lo largo de los tiempos.

Diferentes razas, costumbres, religiones, idiomas, problemas, ideologías, ambiciones, sueños, tragedias, triunfos y mucho más, multiplicado por esos miles de millones de personas produce una cantidad tan grande de diferentes posibilidades, volumen que debe servir para comprender que no puede haber una razón común para la existencia de los humanos.

Pero la hay, existe una razón común para la existencia aplicable a todos los seres vivos: Reproducirnos, conservar la especie.

Al igual que todas las criaturas, de todas las categorías, desde el más pequeño de los virus hasta el más grande de los mamíferos, incluyendo todos los vegetales, la razón unificadora de la existencia de todos es la reproducción, como un medio para conservar la especie.

La misión, la razón de todos los seres vivos es esa: la conservación de la especie.

Nos guste o no, estemos dispuestos a aceptarlo o no, aunque baje al ser humano de "haber sido creado a la imagen y semejanza de dios" a una humilde posición similar a la de un ratón, conservar la especie es la única razón para existir.

Aparte de eso no hay nada, ningún objetivo común en el sentido de la vida.

Los pintores le dan sentido a la suya pintando, así como los escultores haciendo lo propio. Quien siente vocación por la medicina o la arquitectura buscarán su sueño en esas áreas. Tocar la guitarra o componer sinfonías, destrozar la música con los ritmos modernos en busca quizá de fama y fortuna o exhibir su cuerpo lleno de músculos perfectamente delineados.

Embriagarse hasta morir puede ser el sentido de la vida de algunos, así como tratar de acumular riquezas para otros.

Conocí personalmente un hombre cuyo deseo supremo era hacer crecer el número de ceros a la derecha en sus cuentas de banco.

Hombre rico sin duda, que jamás disfrutó del dinero como la mayoría que lo posee intenta hacerlo. Su sentido en la vida era tener más y de esa manera la disfrutaba.

Acumular dinero era el sentido de su vida.

Para otros el dinero en exceso es una forma de encontrar placer comprando todo lo que su capital les permite.

Hay algunos que desprecian el dinero y se lanzan a la vida en busca de otra clase de satisfacciones.

Hay quienes disfrutan al regalarlo y otros guardándolo en físico: joyas, monedas, oro, papeles, obras de arte, en cualquier objeto de valor que puedan ver en el momento que deseen, con sólo una visita a la bóveda de seguridad.

El estudio de los insectos o las plantas, enamorar mujeres, meterse al ruedo frente a un toro furioso, tocar el violín como nadie lo ha hecho o ganar competencias levantando pesas.

El sentido de la vida es diferente para cada persona; para algunos simplemente sobrevivir a una existencia de privaciones es el logro más importante, de igual manera que para otros lo es triunfar en política y regir lo destinos de la gente.

Pero no hay nada más que eso.

No puede ser, como creen muchos, que todo el sentido de la vida es pasar por ella como una etapa previa para ganar un supuesto cielo.

El sentido de la vida sería prepararse para lo que hay después de ella?

Eso, más bien, sería encontrarle un sentido a la muerte, no a la vida.

La muerte es el final de la vida, no el fin de la vida.

Preguntémonos primero dónde estábamos antes de nacer?

No podíamos haber estado en el infierno, "aún no lo merecíamos", por lo tanto o no existíamos o estábamos en cielo.

Yo creo que antes de nacer simplemente no existíamos, no éramos nada. Exactamente lo que vamos a ser después de muertos.

O, si creemos en la creación mágica, en el "hágase", entonces estaríamos "con nuestro dios, el padre".

Preguntémonos entonces: Qué clase de dios puede tomar a sus hijos, de donde quiera se encontraban antes de nacer, traerlos al mundo, hacerlos pasar por todas las tragedias y complicaciones de la vida y "si han sido buenos y le han rezado lo suficiente", entonces regresarlos al cielo?

Y peor si no existían antes de nacer, si fueron creados en el momento de su concepción!

Qué puede tener en la mente un dios así?

Nos crea y envía a este "valle de lágrimas", nos somete a toda clase de privaciones, incertidumbre y nos enfrenta al dolor de la muerte para, sólo si lo merecemos de acuerdo a sus leyes, enviarnos al cielo al disfrute de su compañía.

Qué padre -o madre- de cualquiera de las especies existentes, actúa así?

No puede existir un sentido de la vida colectivo. Mucho menos uno cuyo único propósito sea prepararse para una supuesta vida eterna.

Dios, nuestra creación, es demasiado humano al someternos a duras pruebas para ver si al final nos ganamos el confite eterno.

Para qué hacernos pasar una prueba cuyo resultado él se supone ya conoce?

Es dios, todo lo sabe!

Para qué crearnos en primer término?

Un dios espíritu para qué crear seres materia?

En su afán de eternidad el hombre inventó a dios, un cielo donde vive y luego el alma, vehículo también creación del hombre para el disfrute de esa supuesta vida eterna.

Al morir no hay nada más. Nuestros átomos, iguales a los átomos que forman las estrellas y los planetas, regresan a su origen.

Con el tiempo tomarán otras formas: grama, árboles, insectos, enormes mamíferos o hasta gotas de agua.

Algunos se creen tan perfectos e importantes (hechos a imagen y semejanza de su dios), tan perfectos que no pueden aceptar la realidad de que no somos nada especial, sólo una de los millones de especies que hay en la Tierra y de la cantidad ilimitada, de la variedad inmensa e infinita que con toda probabilidad hay en el cosmos.

Por eso crean un dios a su medida, un alma que nos permite vivir eternamente y un cielo donde van las de quienes han sido buenos.

El sentido de la vida colectivo, la razón general no existe, son ilusiones creadas por los mismos inventores de dios.

Creo con toda sinceridad que el objetivo de la vida es pasarla bien. Pasarla bien haciendo lo que nos guste sin perjudica a nadie, dentro de lo posible.

Nada más.

PRIMERA PARTE

ERRORES HUMANOS
DE GENIOS Y OTROS NO TAN GENIOS

Capítulo 1

Albert Einstein
Físico-matemático.

ERROR: CREYÓ QUE EL UNIVERSO ERA ESTÁTICO

Uno de los más grandes genios en la historia de la humanidad, el hombre que comprendió la relación íntima entre espacio y tiempo, el generador de la Teoría de la Relatividad, premio Nobel, visionario y teórico cuyas ideas y propuestas se han ido comprobando según avanza la ciencia y ésta se apoya en las modernas herramientas tecnológicas.

El cerebro más grande del Siglo XX, alabado por la totalidad de los modernos hombres de ciencia, demostró que todos cometemos errores al equivocarse en algo tan fundamental como la movilidad del cosmos.

Einstein creyó que el universo era estático, que las galaxias permanecían fijas en un lugar en el espacio.

El descubrimiento del Big Bang por parte del astrónomo Hubble y todas las consiguientes demostraciones de que el universo se expande infinita y permanentemente, le hizo cambiar de parecer, reconocer su equivocación y llamarla "El gran error de su vida".

Mark Zuckerberg
Creador de Facebook
ERROR PRINCIPAL: CREACIÓN DE FACEMASH.COM

Con esta historia comienza la película The Social Network, que relata la creación del proyecto informático más importante del comienzo del siglo XXI, Facebook.

El estudiante de Harvard Mark Zuckerberg, enfadado por una ruptura amorosa, entra en una base de datos de la Universidad, transfiere todas las fotos de las estudiantes y crea Facemash, un sitio que ofrece a todos la posibilidad de elegir qué chica es la más "caliente".

Como resultado de su inmadurez tuvo que presentar excusas por su acción contra el género femenino.

La historia sucedió en la vida real. El sitio The Harvard Crimson ha conservado el texto de disculpas de Zuckerberg.

Ahora su 'travesura' se le recuerda cada vez que el joven multibillonario está metido en algún tema controversial.

Steve Jobs
Creador de iPhone, iPad y otras maravillas tecnológicas

ERROR PRINCIPAL: UN MAL CÁLCULO

El fundador de Apple era tan carismático y exitoso en casi todo lo que tocó, que hablar de sus fracasos parece algo embarazoso.

Pero Steve Jobs tampoco fue perfecto. Por ejemplo, no habló con su única hija durante varios años, algo que más tarde lamentó.

Otro de sus errores, según el propio Jobs, fue la contratación de John Sculley, quien en 1985 le obligó a abandonar la empresa que él mismo había fundado.

Además, Apple tuvo la posibilidad de adquirir el prometedor servicio de publicidad móvil AdMob, pero el gigante vaciló durante mucho tiempo y perdió su oportunidad.

Jobs tuvo una vida enormemente exitosa, pero también su dosis de fracasos.

Henry Ford
Legendario constructor de autos

ERROR PRINCIPAL: APOYO A HITLER

Sus vínculos con Hitler y el apoyo a las ideas nazis nunca se le perdonarán al creador del imperio del automóvil y el hombre de negocios más importante del siglo XX.

Se le acusa de hacer propaganda del anti-semitismo en EEUU, desde las páginas de su periódico Dearborn Independent.

Además, Ford apoyó al Partido Nacional Socialista alemán durante la Segunda Guerra Mundial y su fábrica en Francia produjo automóviles y motores de aviones que se vendieron al ejército nazi, algunos de los cuales fueron empleados luego contra las propias tropas norteamericanas, después de la invasión en Normandía.

Bill Gates
Creador de Microsoft

ERROR PRINCIPAL: FALTA DE PUBLICIDAD EN LA RED

En 2008 el fundador de Microsoft cometió su principal error. En su propia opinión, Microsoft perdió mucho al no darse cuenta de la necesidad de tener publicidad en Internet.

La compañía no desarrolló un motor de búsqueda y Google se hizo con el cuasi monopolio de esa función en la red.

La compañía creía que el Internet Explorer incluido en Windows cubriría todas las necesidades de los usuarios, pero sus competidores consiguieron hacerse con una parte importante (la mayor) del mercado.

Román Abramóvich
Hombre de negocios e inventor.

ERROR PRINCIPAL: DESPIDO DE MOURINHO COMO ENTRENADOR DEL EQUIPO DE FÚTBOL INGLES CHELSEA.

En 2004, Román Abramóvich compró el Chelsea. El talentoso entrenador José Mourinho dirigió al equipo y durante sus tres años el Chelsea ganó la Liga de Inglaterra, la Copa de la Liga y la Copa Europea.

En 2008, se deterioró la relación entre el entrenador y el propietario del club y Mourinho fue despedido, pasando entonces a convertirse en el entrenador del

Inter al que llevó al título de campeón de Italia.

Según muchos, haber despedido a Mourinho fue un error irreparable - pagado por el Chelsea- por parte de Abramóvich.

Sam Walton
Gigante en el comercio al detalle, enorme hombre de negocios.

ERROR PRINCIPAL: UN CONTRATO DE ALQUILER MAL NEGOCIADO

El creador de la mayor cadena minorista del mundo, Wal-Mart, comenzó su trayectoria empresarial con un error que pudo arruinar su negocio y todo su futuro.

Durante cinco años alquiló un local para una tienda, sin pensar en la necesidad de incluir una cláusula en el contrato para la ampliación del plazo del arrendamiento.

Cuando el contrato expiró, el dueño recuperó el local de Walton, a pesar de sus súplicas.

Walton no pudo encontrar otro lugar adecuado para el comercio en esa ciudad.

Sin embargo, el empresario no cayó en la desesperación y se fue a buscar fortuna a otro sitio. Tras recorrer varias ciudades, se ubicó en Bentonville (Arkansas), ciudad donde comenzó la historia de Wal-Mart.

En este caso se podría pensar que, haberse equivocado en el contrato más bien le benefició, nadie sabe lo que hubiera ocurrido de haber permanecido en la locación inicial.

Oprah Winfrey
Actriz, millonaria presentadora de televisión

ERROR PRINCIPAL: CELEBRAR EL ÉXITO DE UNA BUENA DIETA

De acuerdo con Oprah, su peor error fue una ejemplar dieta para perder peso en 1989.

La estrella de televisión perdió 30 kilogramos en cuatro meses. En uno de los programas apareció con pantalones vaqueros Calvin Klein, talla 10 y fue todo un triunfo.

Pero dos horas después del programa en que Winfrey celebró su éxito rompió la dieta y empezó de nuevo a ganar peso.

La presentadora cayó en depresión, lo que la llevaba a comer más y más, recuperando en poco tiempo el peso que, con muchísimo esfuerzo, había perdido.

Desde entonces no ha tratado de volver a perder peso o ha seguido fallando en todos los intentos.

El emperador austríaco José II

BUEN EMPERADOR, MAL LÍDER, PÉSIMO ESTRATEGA

El 17 de septiembre de 1788, durante la guerra contra los turcos, llegó con sus soldados al río Tamiz, cerca de la ciudad de Karánsebes, en el suroeste de Rumania.

Creía que el enemigo estaba del otro lado del río y envió una vanguardia de húsares (soldados) húngaros a caballo. Sin embargo, en lugar de toparse con el ejército turco encontraron algunos gitanos, quienes les vendieron varios barriles de aguardiente.

Cuando los infantes austríacos los alcanzaron y les pidieron que compartieran el aguardiente, los húsares, que para entonces ya estaban borrachos, se lo negaron. Los infantes respondieron con disparos al aire y gritando "¡Los turcos, los turcos!" Los húngaros también dispararon como locos hacia el cielo nocturno.

Al pensar que el tiroteo era la señal para empezar la batalla, los oficiales de José II lanzaron una andanada de fuego hacia el otro lado del río. Cuando los infantes trataban de retroceder vadeando el río en la oscuridad, sus compañeros de la retaguardia pensaron que eran turcos al ataque y los recibieron con fuego.

Algunos de los oficiales se dieron cuenta del error y gritaron "¡Alto, alto!" en alemán, pero muchos de los mercenarios del ejército imperial no hablaban esa lengua y creyeron que gritaban "¡Alá, Alá!"

De pronto, todos los soldados se estaban disparando unos a otros.

Cuando salió el sol, miles estaban muertos o heridos... sin que los turcos hubieran hecho un solo disparo, en esa comedia de equivocaciones los austriacos se mataron entre ellos.

FELIPE II, REY DE ESPAÑA

Creador de la Armada Invencible

ERROR PRINCIPAL: LA FÁCILMENTE VENCIBLE ARMADA INVENCIBLE

En 1588, el rey Felipe II de España pensó que podría derrocar a la reina de Inglaterra con solo enviar suficientes naves y tropas al norte de esa isla, supuestamente mal protegida.

Ese fue su error. Su poderosa Armada de 130 barcos (la invencible) con más de 26.000 hombres y 2.400 cañones a bordo, se encontró con vientos desfavorables y con los navíos ingleses, rápidos y maniobrables, además de marinos expertos, acostumbrados a sus propias aguas.

Sólo 60 de los barcos de Felipe II volvieron a España y la mitad de sus soldados murió, la Armada Invencible fue vencida en su primer (y única) batalla como tal.

De paso, eso marcó el comienzo del final del poder imperial español.

SEGUNDA PARTE

TERRIBLES ERRORES DE INGENIERÍA

1. La presa de St. Francis, 1928

El ingeniero autodidacta William Mulholland construyó una famosa presa en la ciudad Los Ángeles, USA en 1928.

El problema fue que lo hizo sobre cimientos poco estables y sin tener en cuenta la geología del cañón circundante.

Además, ignoró por completo las enormes grietas que se formaron tras empezar a llenarse. Cinco días más tarde, la presa colapsó, causando la muerte a más de 400 personas y destruyendo numerosos poblados.

2. Las pasarelas del gran Hotel Hyatt Regency (Kansas City – Missouri), 1981.

Este hotel era famoso por las grandes pasarelas peatonales que colgaban en su interior, arriba del lobby. Sin embargo, el 17 de julio de 1981, las pasarelas entrelazadas entre los diferentes pisos del atrio del hotel se desplomaron matando a 114 personas e hiriendo a otras 216.

En aquel tiempo, supuso el peor colapso estructural en la historia de
EE.UU. La causa fue un diseño negligente y el uso de vigas que no
soportaban ni el 30 por ciento de la carga a que serían sometidas.

3. El barco Vasa, Noruega 1628

Aunque el Vasa es el único barco del siglo XVII que ha sobrevivido hasta
nuestros días en un estado magnífico (más del 98% de su estructura
original intacta), la suya es la historia de un error enorme.

Trescientos años antes del Titanic, el Vasa fue el mayor buque (de vela)
de su tiempo. Poseía tres mástiles, con diez velas, medía 52 metros de la
punta del palo mayor a la quilla, 69 metros de proa a popa y pesaba 1200
toneladas.

El 10 de agosto de 1628, el gran buque de guerra zarpó desde el puerto
de Estocolmo y navegó durante... apenas unos pocos minutos.

Las troneras de los cañones estaban demasiado bajas para su peso por lo
que empezó a hacer agua desde el instante en que fue lanzado al mar.

Si podemos verlo es gracias al rescate del fango marino tres siglos
después, debido a un esfuerzo arqueológico fue extraído del lodo a un
costo varias veces mayor al de su construcción.

Qué sucedió? Fue decorado en exceso cargando un peso innecesario
para un buque de guerra. Al ser lanzado al mar se hundió antes de cinco
minutos.

Al menos 30 marineros se ahogaron.

EL NUEVO AEROPUERTO DE BERLÍN

"Pueden hacerme cualquier pregunta salvo cuándo se abrirá el nuevo
aeropuerto, de momento la frase tentativa es... 2019".

Con estas palabras del guía comienza la visita turística que ofrece el
aeropuerto Berlín Brandeburgo Willy Brandt (BER).

Al oír esa afirmación, la reacción de la decena de asistentes son las risas. La veterana responsable de la visita guiada no bromea. Pero los presentes sí toman como un chiste la alusión al retraso que acusan las obras de esta mastodóntica infraestructura aeroportuaria situada al sur de Berlín.

Daniel Abbou dejó de trabajar como portavoz del aeropuerto después de haber hablado demasiado claro en una entrevista sobre las múltiples dificultades que atraviesan las obras del lugar. "Mi jefe técnico mantiene que hay una opción para conservar 2017 como fecha de apertura, pero "ningún político, ningún director de aeropuerto y ninguna persona que no sea adicta a medicamentos puede ofrecer garantías sobre la apertura de este aeropuerto", declaró el portavoz a una revista especializada en comunicación empresarial.

El tono y el contenido crítico de la entrevista le ha costado a Abbou su puesto, al que llegó a finales de mes de diciembre, 2015.

Este es el más reciente capítulo de la desafortunada existencia del BER, un aeropuerto que parecía predestinado a ser de los mayores del mundo, en virtud de una superficie de unas 1.900 hectáreas - el equivalente a unos 2.000 campos de fútbol - y, entre otras cosas, gracias a una imponente terminal, un monumental edificio de cristal, acero y hormigón que se eleva a 23 de metros de altura.

Sin embargo, este lugar se ha convertido en uno de los grandes fracasos de la ingeniería contemporánea y en un fuerte argumento contra la legendaria puntualidad alemana.

Tenía que estar terminado en 2011 y los hay que siguen dudando de las fechas oficiales que manejan los responsables de la infraestructura. Risas y comentarios jocosos acompañan esta visita del BER entre sus visitantes.

En Berlín se ha hecho popular en las tiendas de souvenirs una cómica postal con la imagen del dirigente comunista Walter Ulbricht bajo la cita: "Nadie tiene la intención de abrir un aeropuerto".

En realidad, el otrora presidente del Consejo de Estado de la antigua

República Democrática Alemana había dicho "nadie tiene la intención de construir un muro" a escasas semanas de que se levantara el nefasto "Muro de Berlín, frontera artificial que partió a la capital alemana en dos y se convirtió en el símbolo de la Guerra Fría.

"Todos hablan del nuevo aeropuerto. Reserve una visita y hágase una foto", invita un cartel. El BER, cuya construcción se acordó en la última década del siglo pasado, debía haber abierto sus puertas apenas cinco años después de que se colocara la primera piedra en 2006.

La conclusión de la terminal se celebró en 2010, marcándose la finalización de la estructura.

Después seguirían las tareas de acabados del interior y el inicio del calvario que está suponiendo este proyecto para los responsables del BER, propiedad de los *länder* de Berlín, Brandeburgo y el Estado alemán.

La apertura del aeropuerto se ha retrasado en cuatro ocasiones entre 2011 y 2015. No se descarta que pueda ocurrir una quinta vez.

"Las fechas que plantearon los responsables en un principio se pusieron a pesar de no ser realistas y nadie hizo nada al respecto". Los retrasos y el alza en los costos debidos a los cambios de planificación de las obras –a mitad del proyecto se decidió, entre otras cosas, ampliar la superficie de la terminal de 220.000 a 360.000 metros cuadrados– están valorados al día de hoy (Diciembre, 2017) en 8.600 millones de euros.

Inicialmente el coste del proyecto se estimaba en unos 2.500 millones de euros. En 2012 ya había muchos temas que impedían la apertura del aeropuerto. "Se dijo que la razón del retraso se debió únicamente al sistema de protección contra incendios, pero eso es una leyenda.

En 2012 había una veintena de temas que impedían la apertura del aeropuerto. A saber: cuestiones relacionadas con insuficiencias en las puertas, las escaleras mecánicas y problemas con los cables en los muros, instalaciones eléctricas defectuosas, drenajes, sistema de sonido, prácticamente todo ha fallado en su construcción.

Aunque parezca mentira hay algunos sistemas de iluminación que están encendidos desde hace años; nadie sabe cómo ni dónde se apagan las luces.

Rolf y su mujer, una pareja residente en el Estado federado de Schleswig-Holstein (al norte), han venido a visitar a unos amigos berlineses y les han traído a las ya célebres obras del aeropuerto. "Se habla tanto del aeropuerto que hemos querido venir para hacernos una idea de lo que es", dice Rolf

"Es increíble que los alemanes, que se jactan de ser un país puntero en la construcción, no logren terminar este aeropuerto", señala perplejo este policía de mediana edad. Su mujer habla en tono irónico del fiasco en que se ha convertido el "perfeccionismo" alemán en el caso del BER.

Pese a todo lo que ocurre con el Aeropuerto de Berlín hay quienes dudan que vaya a afectar la reputación alemana: "Es algo incorrecto relacionar la situación aquí con la de la reputación alemana en general. Alemania tiene muy buenos ingenieros, y aquí trabajan también ingenieros muy profesionales. No hay razón para dudar de los productos *Made in Germany*", mantienen.

A observadores como Metzer les consta que en los últimos dos años el actual equipo responsable de las obras funciona mejor y es más serio que el del pasado. Pero "los resultados, lo que la gente ve, por ahora, es que sigue pospuesta indefinidamente la apertura del aeropuerto".

A Rolf, su mujer y sus amigos les hacen gracia las bromas sobre el BER.

Pero Rolf se pone bastante más serio al apuntar el flaco favor que se le está haciendo a la memoria del ex canciller socialdemócrata que da nombre al aeropuerto. "Fue un premio Nobel de la Paz, no se merece este homenaje", lamenta, señalando al edificio.

Seguro que Rolf se indignaría aún más si supiera que, en el lado de la fachada de la terminal destinada al uso futuro de los aviones, se le han caído dos letras al nombre del edificio: Se lee "Aeropuerto Berlin Brandenburg Willy Brdt", donde debería leerse Willy Brandt.

Los errores humanos a veces se pagan con derrotas de ejércitos, caídas de gobiernos, pérdidas millonarias en dinero y aún mayores en prestigio.

Nadie perdona a quien se equivoca; tome el caso del fallecido director de cine Michael Cimino. Tuvo un éxito enorme con una película sobre los efectos psicológicos de la guerra de Viet Nam en un grupo de amigos. Ganó el Oscar, toda clase de premios y mucho dinero.

Su siguiente película "La Puerta del Cielo" está catalogada como el más grande fracaso en la historia del cine (relación costo de producción-ingresos).

Después de ella nadie quiso volver a contratarlo para nada. Terminó su vida en el descrédito y la vergüenza del fracaso.

No obstante, algunas veces los errores -dentro del esquema prueba y error- han resultado finalmente grandes éxitos, como es el caso de Thomas Alva Edison, de quien se dice probó cerca de mil veces hasta dar con la combinación de materiales que finalmente produjo la bombilla eléctrica.

Para ser sinceros la bombilla eléctrica ya existía, pero se trataba de enormes y complejos mecanismos, lo que se necesitaba era un ingenio tamaño casero y que pudiera funcionar durante mucho tiempo seguido.

Edison, incansablemente, probó toda clase de materiales que pudieran transmitir la corriente eléctrica sin quemarse, sólo iluminando.

Cabellos humanos, plantas exóticas, variedad de metales, Edison probó durante años con todo lo que estaba a su disposición y alcance.

Prueba y error, prueba y error, fracaso y nueva prueba.

Más que un gran invento, la bombilla eléctrica es el triunfo de la perseverancia y la voluntad humanas.

Cada vez que un inventor fracasa se acerca más al éxito.

Edison era humano, a los humanos se les castigan los errores, pero qué sucede cuando los errores vienen de los dioses?

De nuevo, se equivocan los dioses?

TERCERA PARTE

ERRORES DE CIVILIZACIONES ENTERAS

EL COMUNISMO HACE FELIZ AL MUNDO

El comunismo es una idea brillante: todos son iguales, todos participan en la toma de decisiones y toda la propiedad se comparte.

En la práctica, sin embargo, no ha sido así.

En los países comunistas siempre hubo personas que lograban ser "más iguales" que las demás, mientras que "otros iguales" vivían en miseria y la opresión.

Entre 1937 y 1938, en lo que llegó a conocerse como el Gran Terror, millones de personas fueron asesinadas en la Unión Soviética por "ser políticamente poco confiables" o por oponerse al régimen.

La "purga stalinista" cobró un total estimado entre 12 y 20 millones de vidas.

En la China comunista, Mao -máximo dirigente- ideó el llamado "Gran Salto Adelante", un ambicioso programa diseñado para aumentar la producción agrícola, que fue un rotundo fracaso.

Lo que logró fue provocar una de las peores hambrunas en la historia de la humanidad, en la que murieron por lo menos 30 millones de personas.

También resultó evidente que había dos problemas insuperables con el comunismo: Primero, las personas que vivían bajo ese régimen no parecían tener mucha motivación para cuidar adecuadamente la propiedad comunal, como consecuencia las instituciones públicas, así como fábricas y granjas, cayeron en la ruina. Segundo, la economía planificada no funcionaba. Mientras que la economía de mercado reacciona rápidamente ante la demanda de los consumidores, bajo el comunismo los políticos y los burócratas fijaban la producción con cinco años de anticipación.

Esto significaba una gran escasez de muchos productos, entre ellos alimentos y medicinas y, al mismo tiempo, un excedente de otros bienes que casi nadie quería.

El comunismo terminó en un brutal fracaso: las personas no desean ser iguales. Son diferentes por naturaleza y quieren llevar vidas distintas. Todos los genios que creyeron en el comunismo cometieron el gran error de su vida.

Actualmente y a pesar de catastrófico fracaso de la Unión Soviética y el disimulado abandono del comunismo por parte de China, algunos ilusos siguen sometiendo naciones enteras a privaciones y hambre.

Corea del Norte, Cuba y los nuevos ilusos en Venezuela.

El sistema comunista es uno de los más grandes, caros y dolorosos errores y fracasos de la humanidad.

LA TIERRA ES PLANA

Los habitantes de la Mesopotamia (actualmente Irak) creían que la Tierra era un disco que terminaba en el mar.

Los humanos vivían en el disco y por encima de él se encontraba la bóveda celeste, la morada de los dioses. Debajo estaba el inframundo.

Durante miles de años, la creencia de que el planeta era plano impidió a los hombres alejarse de las costas para explorar los océanos. Temían caer al inframundo por el borde del disco o, igual de aterrador, a un abismo sin fondo.

Desde la Antigüedad, sin embargo, era evidente que la Tierra no podía ser plana. Pitágoras y Aristóteles declararon que era redonda, Eratóstenes lo demostró.

A partir de ese momento, la teoría de que el mundo era plano quedó más o menos desmentida, pero no fue así por parte de la Iglesia Católica que, académicamente, sostuvo hasta hace relativamente poco que la Tierra era plana.

En 1492, cuando Cristóbal Colón zarpó hacia el oeste en busca de una ruta marítima hacia la India, realmente no temía en absoluto caerse de los confines de la Tierra.

Aunque se equivocó de continente, en lugar de llegar a China se encontró (tropezó) con América, acertó en cuanto a la redondez de la tierra.

Pasaron varios siglos antes de que la Iglesia Católica reconociera que el planeta es redondo y no "el centro del universo", como dice la Biblia.

LA COCAÍNA CURA DE OTROS VICIOS

El médico austríaco Sigmund Freud consideraba a la cocaína un remedio para la histeria, depresión, neurastenia, anemia y la hipocondría. Él mismo a veces tomaba la droga para aliviar la indigestión.

También trató a adictos a la morfina usando cocaína, entre ellos a un colega suyo, el doctor Ernst von Fleischl. Luego de diez días, Freud informó que había curado a Fleischl de su adicción.

Esta noticia contribuyó al súbito aumento del uso de la cocaína por toda Europa, lo cual cobró muchas vidas, provocando directamente el enorme uso local y mundial de que disfruta hasta la fecha.

Von Fleischl murió en 1891, la adicción a la cocaína aceleró su deceso.

ALASKA NO VALE GRAN COSA

En 1867, Rusia le vendió a los Estados Unidos las vastas tierras de Alaska por

7,2 millones de dólares.

Todo el mundo pensaba que Alaska no tenía prácticamente ningún valor debido a su permanente e intenso frío, así como a los glaciares que cubren gran parte de su territorio.

En la actualidad tan solo por la producción de petróleo Alaska gana más que esa cantidad de dinero en cada día.

LAS MUJERES SON INFERIORES

El filósofo griego Platón creía que las mujeres eran hombres que habían llevado una vida disoluta anteriormente y que, como castigo, los habían enviado de vuelta al mundo convertidos en mujeres. "Sólo los hombres son una creación directa de los dioses y tienen alma", señaló. "Los justos regresan a las estrellas, pero se puede suponer con razón que los cobardes y los injustos se transforman en mujeres en su segunda encarnación".

Las cosas no mejoran en la Biblia, que afirma que Dios creó al hombre a su imagen y semejanza y le insufló su espíritu. La mujer, en cambio, fue formada con una de las costillas del hombre y no se le concedió tener alma. Por consiguiente, a las mujeres se las consideró inferiores y se las oprimió, maltrató y mató a lo largo de miles de años.

Hace apenas un siglo las alemanas no tenían el derecho de votar e incluso hoy, en Arabia Saudita, Bután y Brunei y otros lugares musulmanes, es difícil o imposible que las mujeres voten. En algunas naciones fundamentalistas ni siquiera tienen permiso para conducir autos.

Fue hasta en 2017 que Arabia Saudita anunció que el año siguiente las mujeres podrían hacerlo.

Desde hace mucho la ciencia demostró que la creencia de que las mujeres son inferiores es absolutamente falsa, contrariamente a lo que muchos han creído y hasta se insinúa en la Biblia y en otros libros sagrados.

EL SOL GIRA ALREDEDOR DE LA TIERRA

Hasta el siglo XVII, la gente creía que la Tierra era el centro del universo. Incluso cuando científicos como Nicolás Copérnico, Johannes Kepler y Galileo Galilei demostraron de manera inequívoca que la Tierra gira alrededor del Sol, nadie quería aceptarlo, mucho menos la Iglesia Católica.

A sus ojos, esto contradecía la historia de la Creación. Sus inquisidores persiguieron a todo aquel que pensara lo contrario. "La presunción de que el Sol está en el centro y que no gira en torno a la Tierra es una tontería, un absurdo teológicamente infundado y una herejía", advirtió la Inquisición a Galileo.

En 1600 incluso quemaron en la hoguera al erudito italiano Giordano Bruno, y sus obras permanecieron en el Índice de Libros Prohibidos por la Iglesia Católica hasta a mediados del siglo 20.

Bruno había sostenido, correctamente, que el universo es infinito en el tiempo y el espacio y que se compone de innumerables sistemas solares.

Al recibir su sentencia, pronunció la célebre réplica: "Tal vez pronuncian esta sentencia en mi contra con mayor temor del que yo siento al recibirla".

La Iglesia Católica, al saber que la Tierra era redonda, quizá veía con horror que al estar la Biblia equivocada en eso, también el resto podía estarlo, consecuentemente todas las bases de su fe se desplomarían, como en efecto ha ocurrido, aunque aún millones de fanáticos se nieguen a reconocerlo.

Cuántos años habrán pasado hasta que el último de los egipcios dejó de creer en el dios sol?

LOS MALOS OLORES CAUSAN ENFERMEDADES

Hipócrates fue el médico más famoso del mundo antiguo, pero eso no impidió que formulara algunas ideas equivocadas. Creía que el aire fétido que despide el agua estancada enfermaba a las personas que lo respiraban.

Lo llamó miasma y su opinión fue aceptada hasta el siglo XIX.

Por el lado positivo, la teoría del miasma llevó a las autoridades a tratar de desecar los pantanos y limpiar la red de alcantarillado para eliminar el olor.

Por el lado negativo, esas acciones fue justo lo que provocó contagios.

En 1832, durante la epidemia de cólera en Londres, cuando murieron los primeros enfermos, las autoridades ordenaron que los desechos y el barro de las alcantarillas se depositara en el Támesis.

Eso eliminó el mal olor, pero miles de personas perecieron porque la ciudad obtenía el agua de beber del río, que había quedado contaminado.

El cólera es ocasionado por bacterias, no por olores fétidos, pero pasó mucho tiempo antes de que la gente reconociera este hecho.

FUMAR ES BENEFICIOSO

El cirujano estadounidense Ian MacDonald hizo esta afirmación en los años 50.

Incluso se llegó a decir que el humo del cigarrillo es eficaz para combatir el mal de Parkinson, aumentar la capacidad intelectual y mejorar la eficiencia en el trabajo.

Lo cierto es que el abuso de la nicotina causa la muerte de más de cinco millones de personas por año en el mundo, y que el tabaquismo provoca entre el 25 y el 30 por ciento de todos los decesos por cáncer.

Faltarían páginas a la más grande enciclopedia, o memoria a un disco duro, para ubicar todos los errores cometidos por el hombre a lo largo de los tiempos, muchos de ellos debidos al miedo generado por la superstición, que a su vez también tiene su origen en la ignorancia.

CUARTA PARTE

ERRORES Y FALLAS DE LOS DIOSES

Un cálculo conservador arroja que han existido un total de 4.200 religiones desde el comienzo de la actual civilización y con ellas un número mucho mayor de dioses y divinidades.

Para esta cifra sólo se toman en cuenta aquellas que dejaron rastro de alguna clase, pero quizá la cantidad llegaría a los millones si se pudiera hacer un recuento cierto de todo lo sobrenatural que ha sido creído y venerado por la gente a lo largo de la historia.

Algunos dicen –sin mucha ironía, por cierto- que la cantidad de dioses y religiones que han existido es infinita, sólo menor a la estupidez humana.

Sea como fuere, los dioses han fallado también.

Cuántos dioses no enviaron el agua que se les pidió con pintorescas danzas? Cuántos murieron de sed o de hambre cuando sus cosechas se secaron?

Civilizaciones enteras han desaparecido por falta de agua, aunque sus sacerdotes y creyentes hayan rogado a los dioses hasta caer exhaustos.

Qué se habrá producido primero; el fin de la fe en el Dios de la Lluvia o la muerte por deshidratación de los bailarines, o quizá de toda la civilización que confió en sus danzas?

Cuántas vírgenes habrán muerto antes de que la gente se diera cuenta que eran sacrificios inútiles, que el dios no les concedía su petición sin importar el total de víctimas sacrificadas o la integridad de su himen.

Y qué de los ejércitos que fueron al campo de batalla confiados en que "dios estaba con ellos", sin tener en cuenta que, del otro lado, el enemigo también creía lo mismo?

Y no diferentes dioses, el mismo en ambos bandos!

Se han producido más guerras entre los creyentes de una misma fe que entre los de diferentes dioses.

Diferentes facciones de cristianos, musulmanes y budistas han peleado entre ellos a lo largo de los siglos.

No hace mucho Irlanda peleaba una sangrienta guerra religiosa. Católicos y protestantes, ambos grupos de la fe cristiana pelearon entre sí, el mismo dios estuvo con cada grupo hasta la casi destrucción de su país.

Y en otros casos, cada dios estaba con cada ejército, como sigue ocurriendo en la actualidad en muchos lugares del mundo.

Allá arriba "en el cielo", quizá los dioses rivales (que en el fondo seguramente son amigos) se ríen de la estupidez de los hombres que quieren resolver sus diferencias a punta de espadas, lanzas y flechas, bombas y balas y sobre todo, porque esos hombres creen que a ellos (los dioses) realmente les importa más que un comino quién gane o quién pierda!

Pudiera ser que el fracaso de los dioses sea más bien culpa del hombre, por haberles pedido demasiado o, más todavía, por haber creído del todo en ellos y darles demasiado poder o, como es en realidad, por haberlos inventado.

Cuántos habrán muerto a lo largo de la historia por haber confiado que "su dios" les curaría de la terrible enfermedad, quizá utilizando "medicinas" recomendadas por sacerdotes en la creencia de que provienen de dios?

Cuántos niños, en la actualidad, mueren debido a que sus padres les niegan una transfusión de sangre (porque dios prohíbe el canibalismo y, claro, recibir sangre ajena es como comerse a otra persona) o no aceptan vacunas ni cualquier tipo de tratamiento médico ya que dios "les salvará".

El fracaso de los dioses es tan viejo y abundante como lo han sido los mismos dioses o religiones.

O será que los dioses fracasan debido al ser humano?

Es posible, pero sólo porque el ser humano – en su ignorancia y miedo – es quien ha creado todas esas fantasías de dioses invisibles pero todopoderosos, cielos e infiernos, purgatorios y otros lugares de castigo y, como son creación humana, están sujetos a errores, como lo han sido todos los dioses y religiones ya desaparecidos.

Pero en su tiempo, no hay que dudarlo, la gente creía en sus dioses y que éstos eran los "verdaderos", tal y cual los actuales dioses lo son para los que aún creen en ellos.

Les construían templos, les cantaban y rezaban, les hacían homenajes, les llevaban ofrendas y existían -como en la actualidad- sumos sacerdotes que comunicaban al pueblo la voluntad, leyes y hasta caprichos de los dioses.

También, como ahora, esos representantes de los dioses eran los únicos que sabían qué querían, pedían u ordenaban éstos y todo aquél que dudaba de la relación directa entre ellos estaba sujeta a los más terribles castigos, exactamente como en nuestros tiempos.

La verdad es que nada ha cambiado, excepto el nombre de dioses y religiones y, claro, el de los sacerdotes.

Muchas estatuas y templos- algunos tan fastuosos como los de nuestro tiempo- sobreviven en pedazos el paso de los milenios, como prueba de que alguna vez alguien (quizá millones de personas) creyeron en ellos.

Finalmente esos dioses desaparecieron o se convirtieron en piezas de museo, donde espectadores del presente los ven con cierta indiferencia, sin atribuirles nada de los poderes y la divinidad de otros tiempos y algunos hasta preguntarán irónicamente cómo pudo haber alguien creído que Zeus tiraba rayos desde el cielo o en todos los poderes de Amor Ra, Odín, Quetzalcóatl y otras leyendas semejantes.

Estas personas en los museos, Internet o libros de texto, jamás aceptarán que dentro de algunos miles de años sus dioses también habrán fallado y -quizá y con suerte- alguien podrá observar los restos de sus destrozadas estatuas en alguna vitrina de museo.

Porque, claro, todos creen que los dioses anteriores eran falsos, producto de la ignorancia, aunque muchos de esos "existieron" durante más siglos que los que llevan los actuales.

Hubo religiones que perduraron más de tres o cuatro milenios, tiempo suficiente para planear y construir enormes pirámides que transportaban al otro mundo a faraones y sacerdotes.

Ya nadie cree en Kukulkán, que era el dios principal de la cultura prehispánica, representado por una serpiente emplumada o en Quetzalcóatl, también serpiente emplumada y obviamente un sucesor del primero, siendo éste hijo de Tonacatecuhtli, que era el dios de la creación y la fertilidad.

Sólo en el cine podemos ver aún gente que cree en Atón (en las películas de momias) el dios egipcio que reinó durante más de tres mil años, un período mayor que la mayoría de los dioses actuales.

Pero en aquél tiempo la gente creía en ellos tal y como en el presente creen en Jesucristo, Buda, Alá y en más de dos mil diferentes dioses de India, cada uno de los cuales cubre una "necesidad" específica.

Ninguno de nosotros estará aquí, pero siguiendo las enseñanzas de la historia y cómo ésta se repite, también los dioses actuales en determinado período de tiempo, apenas unos miles de años, serán piezas de museo.

Por mucho que puedan durar, tiempo es de lo que está hecha la historia y es infinito.

Podrán durar cinco o más miles de años, pero como todos los dioses antes de ellos, dejarán de ser creídos y adorados y llegarán a hacerles compañía en los museos y libros de historia.

No podremos verlos entonces, detrás de urnas de vidrio, ni sabremos cuáles otros vinieron a reemplazarlos en la imaginación humana.

Habrá nuevos escritores y pensadores que, como lo hago yo ahora, sonreirán suavemente al comprender la realidad de esos dioses, sus poderes divinos y lo enorme de la ingenuidad y estupidez humana.

Verán otras momias, quizá no envueltas en cintas de lino como las de los egipcios. Esas momias del futuro serán las de sus ideas, ritos sagrados y mandatos.

También con seguridad verán retratos de sus sacerdotes, que al igual que los monjes del pasado, eran los únicos con capacidad para interpretar los deseos y órdenes de dios.

Esos sacerdotes, que ahora viven de la ignorancia y estupidez humanas, no son diferentes a los que ordenaban embalsamar a los muertos para su viaje al otro mundo.

A veces –y dependiendo del capital de los amos- también eran enterrados con sus sirvientes y hasta mascotas, además de fabulosos tesoros, para que les sirvieran en la otra vida.

Nos reímos de ellos, como en el futuro muchos reirán al saber que durante mucho tiempo hubo quien creyera que "dios hizo al hombre a su imagen y semejanza; nuestra civilización precisamente".

Y también reirán de los hombres, tan parecidos a dios que lo creamos igual a nosotros.

Esos dioses, los que fracasaron en el pasado, en principio fallaron porque crearon un ser humano imperfecto que permitió que finalmente sus dioses se extinguieran.

Y entonces llegamos al centro del asunto: Los dioses crearon seres humanos imperfectos o los seres humanos crearon dioses imperfectos y sujetos a cometer errores, como ellos mismos?

Y en la actualidad los dioses existentes, esos amigos imaginarios con súper poderes increíbles, cometen errores?

Aprendieron los dioses a crear hombres perfectos o los hombres han logrado crear ya el dios perfecto, ese que no comete errores y que reinará por siempre en el cielo?

O en cada caso, en cada cultura, en cada civilización, el hombre seguirá por siempre creando un dios según sus necesidades, miedos, ignorancia, supersticiones y conveniencias, por los siglos de los siglos?

O en cada caso, finalmente, después de reinar en la mente de los creyentes por algún tiempo, a veces muchos milenios, terminará convirtiéndose en otro dios fallido?

Tan fallido como el dios del agua, del sueño, del licor, de la guerra, del amor, del sexo, de las cosechas, del viento, de los océanos y los dioses supremos que han reinado sobre todos esos dioses que ya han desaparecido, al igual que la gente que los imaginó y que luego creyó en ellos.

Y realmente no son sólo los dioses quienes fallan, los dioses no existen, por lo tanto no pueden fallar.

Quienes fallan son los humanos que los inventaron para suplir su ignorancia, para contestar todas las preguntas que no tenían respuesta, para llenar los vacíos que la ciencia aún no resolvía.

Ahora, cuando ya casi todo ha sido contestado por la ciencia y todas las preguntas respondidas, cuando realmente el único misterio que permanece es por qué algunos seres humanos insisten en creer lo fantástico, lo mágico, lo irracional en lugar de aceptar la prueba científica.

Busquemos en el pasado un poco del presente, veamos cómo eran y en qué creían los millones de seres humanos que nos han precedido habitando el planeta.

Después de eso -y quizá de reírnos un rato- pensemos que, en el futuro, muchos podrán hacer lo mismo con las creencias actuales.

Algunos reirán cuando lean que hubo quienes creyeron en un Moisés, capaz da abrir el mar (con apoyo de dios, desde luego) o que hubo otro que multiplicó panes y peces o convirtió el agua en vino y que un representante dios voló por todo el Sistema Solar montado en un caballo alado... en una sola noche.

CUARTA PARTE

Una quizá aburrida pero importante lección de historia.

LA PRIMERA CIVILIZACIÓN Y SUS DIOSES

Los Sumerios

Los Sumerios son considerados como los creadores de la primera civilización de la historia. Desde luego que hubo seres humanos muchos miles de años antes que ellos, pero los Sumerios inventaron, entre otras cosas, la escritura y por este medio registraron la historia en centenares de miles de tablillas de barro en un muy difícil –pero totalmente descifrado- lenguaje cuneiforme.
Sus inventos incluyen, además:

- La rueda.
- La ciudad.
- Las leyes escritas.
- La medicina.
- Sistema sexagesimal.
- Los ladrillos de adobe.
- La primera religión organizada

Tratar un asunto tal como la religión sumeria puede ser complicado, dado que las prácticas y creencias adoptadas por aquellos pueblos variaron mucho a través del tiempo y la distancia; cada ciudad poseía su propia visión mitológica y/o teológica.

Los Sumerios fueron posiblemente los primeros en escribir sobre sus creencias, que luego sirvieron de inspiración para gran parte de la mitología, religión y astrología mesopotámico, aunque ello no implica que su religión fuera la primera y que no hubieran tomado costumbres, mitos y ritos de otros pueblos aún más antiguos.

Los sumerios veían los movimientos a su alrededor como la magia de los espíritus, magia que era la única explicación que tenían de cómo funcionaban las cosas.

Esos espíritus eran sus dioses y así con muchos espíritus alrededor creían en varios dioses, los que –inexplicablemente- contaban con emociones humanas, tal como los dioses de la actualidad.

Creían que el sol, la luna y las estrellas eran dioses, al igual que los juncos que crecían a su alrededor y la cerveza que destilaban.

Creían que los dioses controlaban el pasado y el futuro, que les revelaban las habilidades que poseían, incluyendo la escritura y que esos dioses les proporcionaban todo lo que necesitaban saber.

No podían creer que su civilización se hubiera desarrollado por el esfuerzo y talento humano, todo venía de los dioses.

Su propia inteligencia, sus descubrimientos e inventos, todo provenía en realidad de los dioses, tal y cual muchos creen en la actualidad.

Todo viene de dios, dios es todo, desde la antigüedad hasta el presente, hay quienes sólo pueden concebir la existencia en esa forma.

Tampoco tenían visión de progreso tecnológico o social.

Cada uno de los dioses sumerios (en su propia lengua, *dingir* y en plural, *dingir-dingir* o *dingira-ne-ne*) era asociado a ciudades diferentes y la importancia religiosa que se atribuía a ellos aumentaba o declinaba dependiendo del poder político de la ciudad asociada.

Como en la actualidad, a más poderosa la nación o el grupo étnico que la profesa, también mayor el poder de sus dioses, su iglesia y sus sacerdotes.

Según la tradición sumeria, los dioses crearon el ser humano a partir del barro con el propósito que les sirvieran a ellos, muy parecido a la manera en que las religiones actuales presentan la creación del hombre.

Porqué el barro? Posiblemente en aquella época era el único material que podían moldear y manejar (al hacer ollas y enseres domésticos), su criterio sobre la creación del hombre no podía concebir otro material.

Cuando se encontraban enojados o frustrados, los dioses expresaban sus sentimientos a través de terremotos o catástrofes naturales: la esencia primordial de la religión sumeria se basaba, por lo tanto, en la creencia de que toda la humanidad estaba a merced de los dioses.

Debo agregar que no es muy diferente a lo que muchas gentes creen ahora ; el barro y los desastres naturales, castigos divinos y esa clase de supersticiones.

Cuando se produce una catástrofe terrible la gente se lo atribuye a "la naturaleza", pero a quién rezan, quién los salva del peligro y a quién dan gracias? A nadie más que a su dios.

Podrá la naturaleza actuar por su cuenta frente a un dios todopoderoso?

La similitud entre la mitología sumeria y la cristiana van más allá del barro como material de creación por parte de dios del primer ser humano.

Los sumerios, en una novela épica llamada la epopeya de Gilgamesh, hacen un relato muy parecido al diluvio bíblico, sólo que ocurrido con tres o cinco mil años de anticipación, es decir que ya hubo un diluvio universal tres mil años antes del diluvio universal bíblico.

Quién provocó ese diluvio sumerio? Los dioses, que se encontraban enojados con el ser humano y que, al igual que los dioses actuales, manifiestan sus emociones en formas totalmente humanas.

Entre las principales figuras mitológicas adoradas por los sumerios, es posible citar:

- An (o Anu), dios del cielo;
- Nammu la diosa-madre;
- Inana, la diosa del amor y de la guerra (equivalente a la diosa Istar de los acadios);
- Enki en el templo de Eridu, dios de la beneficencia, controlador del agua dulce de las profundidades debajo de la tierra;
- Utu en Sippar, el dios sol;
- Nanna, el dios luna en Ur;
- Enlil, el dios del viento.

Como en casi todas partes de la Tierra, al escarbar unos metros se encuentra agua. Quizá por esa razón los sumerios creían que la tierra era un gran disco flotando en el mar. Llamaron a ese mar Nammu y pensaban que había estado desde siempre en el tiempo. Creían que Nammu había creado los peces, los pájaros, cerdos salvajes y otras criaturas que aparecieron en las tierras pantanosas y húmedas.

Según ellos, Nammu había creado el cielo y la tierra. El cielo se había separado de la tierra, dando nacimiento al dios masculino An y la tierra, una diosa llamada Ki.

Creían que Ki y An habían procreado un hijo llamado Enlil, que era la atmósfera, el viento y la tormenta. Creían que él separó el día de la noche y que había abierto una concha invisible dejando caer agua desde el cielo. Creían que, junto con su madre y Ki, Enlil sentó las bases de la creación de las plantas, los humanos y otras criaturas, que hacía germinar las semillas y que había dado forma a la humanidad a partir de arcilla o barro.

El universo consistía en un disco plano cerrado por una cúpula de latón. La vida después de la muerte implicaba un descenso al vil submundo, donde se pasaba la eternidad en una existencia deplorable, quizá la primera concepción de infierno.

Según su mitología, los cultivos crecían porque un dios masculino se estaba apareando con su esposa-diosa. Ellos veían los meses húmedos y calurosos del verano, cuando los campos y praderas se teñían de marrón, como el momento de la muerte de los dioses. Cuando los campos florecían de nuevo en primavera, creían que sus dioses volvían a la vida, una especie de renacimiento o resurrección. Marcaron a éste, como el comienzo del año, que era celebrado en sus templos con música y cantos.

El mito de la resurrección, precisamente cerca del comienzo del año no es nada nuevo, el concepto existe desde que se empezó a registrar historia escrita.

No creían en el cambio social, aunque los sacerdotes sumerios alteraban las historias que contaban, creando nuevos giros en los cuentos antiguos; sin reconocer esto como un cambio inducido por los humanos o preguntándose por qué habían fallado en hacerlo bien la primera vez.

Como en la actualidad, es algo muy parecido en esencia a la constante migración del cielo hacia otros lugares, según los telescopios van demostrando que no se encuentra en un sitio visible o alcanzable.

También como ahora, las ideas introducidas por los humanos, las nuevas líneas de pensamiento eran simplemente revelaciones de sus dioses, a quienes daban todo el crédito y rendían las gracias por todo.

Tal como ahora, los sumerios tenían diferentes tipos de sacerdotes. Algunos de los más comunes eran:

- *āšipu*, exorcista y médico.
- *bārû*, astrólogo y adivino.
- *qadištu*, sacerdotisa.

Los templos sumerios consistían en una nave central con corredores en ambos lados, flanqueados por aposentos para los sacerdotes. En una de las puntas del corredor se encontraba un púlpito y una plataforma construida con ladrillos de barro, usada para sacrificios de animales -costumbre que aparece con frecuencia en la Biblia.

Su diseño es muy parecido al de las iglesias y templos al través de la historia, llegando a los actuales.

Los sumerios fueron precursores de muchos conceptos religiosos, sagas cosmogónicas y relatos que luego aparecieron recogidas por otros pueblos mesopotámicos y regiones vecinas.

Entre ellas podemos citar: la creación del mundo, la separación de las aguas primordiales, la formación del hombre con arcilla o las ideas del paraíso y el Diluvio Universal, según he anotado, el que aparece en la Epopeya de Gilgamesh.

Escritos de V. Scheil y S.N. Kramer, consideran la creación de Eva a partir de la costilla de Adán como un mito sumerio, ya que en sumerio, las palabras "hacer vivir" y "costilla" se escribían igual: *ti*.

También la idea de la resurrección de los muertos, constante en innumerables religiones, aparece en Sumeria por primera vez.

Esa fue la religión sumeria, al menos lo que conocemos de ella.

Sus mitos son muy parecidos a los de las religiones que les siguieron inmediatamente después, así como los de las actuales.

Cuando vemos hacia atrás sin duda viene a la mente el pensamiento de: Cómo pudieron creer en eso, sin considerar la mayoría de las veces que las creencias actuales no tienen que envidiarles nada en fantasía y estupidez.

En aquel momento, cuando sumeria era la capital del mundo, el lugar más avanzado del planeta, todos los habitantes creían en sus dioses, mitos y leyendas y juraban que esas eran las únicas verdades, tal y como lo hacen en la actualidad los millones que siguen las diferentes religiones y creencias que existen en la mente del hombre.

Es tan difícil ver ahora que todo es una repetición de lo mismo?

O es nuestro dios, por ser el nuestro, en nuestro tiempo de vida, el real y verdadero?

En nuestro dios si podemos creer, los demás son leyendas paganas, tradiciones salvajes? Acaso cuando esos dioses de la antigüedad reinaban en su cielo, la gente normal como la actual, no suponían que sus dioses de verdad eran los auténticos?

Qué diferencia al creyente de la antigüedad del creyente actual?

No hay ninguna diferencia, aunque debería haberla, ya que la ciencia ha venido terminando una a una con todas las dudas, resolviendo todos los misterios que antes, de alguna manera, justificaban lo que el ignorante hombre de esos tiempos pudiera creer.

Rayos, tormentas, inundaciones, buenas cosechas, pestes, todo parecía venir de los dioses y había buenas razones para creerlo: la ignorancia sobre el origen real de las cosas, la falta de explicaciones y demostraciones científicas.

Pero no en la actualidad, cuando ya los misterios no lo son, cuando se sabe que es la Tierra la que orbita el sol y no viceversa.

El hombre, al menos una buena mayoría, sigue eligiendo lo que le sirve creer, desechando otras ideas o creando una especie de departamento especial en la mente.

Hay enormes cantidades de personas que dicen: la ciencia es cierta, pero en el fondo yo creo - o necesito creer- que dios está por encima de todo.

Aunque se trate de un dios mil veces repetido con otros nombres y mil veces fallido.

Un dios que falla cada vez que alguien le eleva una oración o confía en su ayuda para resolver sus problemas o realizar sus propósitos.

Un dios que no responde y no puede responder, sencillamente porque no existe.

No existieron los dioses del pasado, no existió Thor, Zeus, Quetzalcoatl, Buda ni Alá, no existió un dios llamado Jesús ni ninguno de los que con tanta facilidad e ignorancia han sido creados por el hombre para contestar las preguntas que ahora, finalmente, la ciencia ha resuelto.

Quizá me aparte en este momento de la línea que llevo, pero tengo la necesidad de incluir una pregunta, la séptima pregunta.

LA SÉPTIMA PREGUNTA

A lo largo del tiempo y la historia, el hombre, con toda su inteligencia y con toda su estupidez, se las ha ingeniado para encontrar respuestas a todas las preguntas. Algunos han escogido el camino de la ciencia, intentando desentrañar los misterios inexplicables con explicaciones basadas en el estudio y la razón.
Otros, la gran mayoría lamentablemente, han optado por las respuestas mágicas que, aún siendo las más fáciles de encontrar, poco a poco la ciencia ha demostrado su falsedad y, debo decirlo, su estupidez.

Creer que un mago, con una simple orden de "hágase", puede crear el cosmos y todo lo que contiene, es totalmente irracional.

No obstante, siempre han sido muchos más los que creen en los mágicos "hágase" que quienes no aceptan otra explicación, excepto aquella que pueda ser comprobada con algo más - mucho más- que la fe, pruebas científicas.

La fe, tristemente, quita al ser humano en deseo de investigar, elimina la búsqueda de respuestas reales.

El avance científico se detiene, la tecnología desaparece.

Es más fácil atribuir todo lo que ignoramos a la obra de seres invisibles, todopoderosos, capaces de crear y destruir con sólo el pensamiento.

Es más fácil permanecer en la ignorancia, a la dura búsqueda de la verdad por el método científico.

Es más difícil la dura, ardua y a veces frustrante investigación científica que la fácil respuesta mágica de la fe.

Para todos ellos, para quienes bloquean su mente a la razón con soluciones mágicas, para aquellos cuyo cerebro ha sido embrutecido con cuentos tan fantásticos como el de El Señor de los Anillos, la Odisea o la Ilíada.

Para los que jamás podrán sacar de su cerebro el virus que les fue implantado por sus padres y educadores.

Para los que creen en espíritus todopoderosos. Para los que rechazan la verdad de la ciencia y sólo aceptan el poder del gran mago.

A todos ellos tengo siete preguntas.

1) Quién creó todo?
2) Este creador es todopoderoso?
3) Se puede mover algo si él no lo permite?
4) Se puede crear algo si él no lo permite?
5) Quién creó el mal?
6) Este creador es omnipresente?
Y la séptima pregunta, la más importante:
7) Dónde se encuentra este creador cuando una niña de 4 años es violada y asesinada?

QUINTA PARTE

EL DIOS FALLIDO

"Y dios creó al hombre a su imagen y semejanza".

Suficiente se ha escrito con el convencimiento de que más bien fue el hombre quien creó a dios.

No hablaré más sobre eso, al menos no por el momento.

Para efectos de este ensayo, voy a tomar literal y ciertas esas palabras, voy a suponer que el dios actual creó al hombre a su imagen y semejanza y que el primero de todos fue alguien llamado Adán.

Adán fue creado igual a dios -o sea perfecto- y de su costado salió Eva, la primera mujer y que, obviamente, también tenía que ser perfecta ya que era parte de Adán, que era una imagen de dios.

Pero, lamentablemente para ese argumento, Adán falló.

El primer ser que existió apenas tuvo oportunidad, debo decir, apenas tuvo la primera oportunidad, falló, desobedeció a su dios, poniendo en evidencia que ninguno de los dos (dios y hombre) eran perfectos.

Adán (y Eva) desobedecieron a dios en cuanto se les acercó una serpiente con palabras seductoras y les ofreció del fruto prohibido, cualquiera que éste haya sido.

Adán, el hombre, la obra suprema de la creación?

Cómo es posible que alguien pueda creer que el hombre es la obra suprema de la creación de dios si, casi inmediatamente dudó de su dios, de su creador!

A imagen y semejanza de dios? Pero si estaba lleno de defectos!

Entre ellos la envidia, la codicia y la desobediencia, era esa la imagen y semejanza a dios?

Pero, habiendo sido hecho en esa forma, igual a dios, casi inmediatamente falló.

Quién falló: Adán o dios? El hombre –creación máxima de dios- o dios, creador del hombre?

Adán no pudo haber fallado ya que fue dios quien lo hizo, con todo y su debilidad de carácter y su evidente tendencia a desobedecer a su creador, al dios que le dio vida y a quien conoció personalmente!

Dios lo hizo así, consecuentemente dios falló en su creación.

Claro, dicen algunos, también le dio el libre albedrío, para que Adán hiciera lo que quisiera.

La pregunta es: Sabría Adán que tenía ese libre albedrío o tuvo que descubrirlo, pagando por ello el precio de ser arrojado del paraíso terrenal, cargando un castigo terrible, tan terrible y desproporcionado que se mantiene en toda su descendencia y por toda la eternidad?

Qué tienen que ver los descendientes, mil o dos mil generaciones después con lo que Adán hizo?

Es eso justicia divina? Ni siquiera los hombres imperfectos y pecadores castigan por toda la eternidad, más bien son llamados a perdonar y olvidar. Pero no dios, éste castiga por siempre, su enojo y odio perduran por los siglos de los siglos, a través de los tiempos y por toda la eternidad.

Pero, hubiera desobedecido Adán, hubiera comido la fruta prohibida de haberle dios advertido lo que le esperaba?

No había antecedentes, no había manera de saber que recibiría un castigo tan brutal y por eso se le podría excusar (siempre en el marco de aceptación de la verdad bíblica).

Todo se debió a un error de cálculo de dios, quien de todas maneras y con mucha anticipación ya tendría que haber sabido lo que iba a ocurrir con el experimento de Adán y Eva.

Acaso no conoce el futuro por toda la eternidad?

Dios se equivocó? Es eso posible?

No estamos hablando de Thomas Alva Edison con la primera de las mil pruebas que necesitó para fabricar una bombilla que funcionara, nos referimos nada menos que a dios, para quien no podía haber sorpresas!

Pero el primer intento de dios –al igual que Edison- salió malo.

Vamos adelante. Qué sucedió con la segunda prueba?

Nace Caín, hijo de Adán y Eva. Forzosamente Caín tendría que haber sabido lo que había pasado con sus padres, la ofensa que habían hecho a dios y el castigo recibido.

Para ese entonces también Caín tendría que haber tenido una noción sobre el libre albedrío.

Pero qué sucede? Caín inmediatamente supera a sus padres de manera terrible.

Más que desobedecer con una supuesta fruta prohibida, Caín mata a su hermano!

Después de desobedecer a dios, podría Caín haber cometido un pecado peor?

Si hubiera robado a Adán, violado a Eva o repetido el pecado de su padre, nada de eso hubiera sido peor que lo que hizo; asesinó a su propio hermano!

Y ese terrible error, esa falla espantosa la tuvo el hijo de Adán, quien fue creado a imagen y semejanza de dios.

Entonces tenemos que el segundo experimento de dios, Caín, hijo de Adán y Eva, también fue un fracaso rotundo.

El primer ser creado (y su mujer) desobedecieron a dios, quien con ellos cometió el primer error.

Viene el segundo hombre de la creación –Caín- quien sale corregido y aumentado, el segundo resulta ser un asesino!

El primer asesino de la historia y, además, fratricida!

Quién lo hizo? Quién desde el principio sabía todo lo que iba a suceder?

Y aún así, sabiendo de antemano que Caín sería un asesino, dios permitió que naciera y que su mente fuera tan torcida como para llegar a matar a su hermano!

Vale la pena preguntar, sabiendo dios lo que sucedería, por qué no le avisó a Abel?

Acaso también no era hijo suyo? No debió haberlo puesto al tanto de lo que ocurría para que se defendiera o al menos huyera lejos?

Sabe que lo van a asesinar y deja que ocurra? Acaso Abel no era también su hijo?

En ese tiempo aún no se conocía de asesinos, nadie había matado a nadie, así que Abel no podía haber sospechado lo que le ocurriría.

Pero dios, su padre, sabía todo lo que iba a ocurrir… debió haberlo prevenido, como todos los padres lo harían con un hijo en peligro, todos menos él.

Cómo permitió que muriera de manera tan terrible cuando estaba en sus manos evitarlo?

Pero, sobre todas las cosas, debemos aceptar que con el segundo hombre también dios cometió su segundo error.

No se dio cuenta dios de que el experimento no estaba funcionando?

Claro, él ya sabía que no serviría, que el ser humano fallaría, así que, de alguna manera, dios fue también responsable –por omisión- de ese, el primer asesinato de la historia.

El segundo intento de dios también resultó fallido.

A estas alturas de todas maneras ya dios tendría que saber que el ser humano era desobediente y propenso a matar al menor pretexto así que, utilizando su inmenso poder, por qué no cambió la receta?

Por qué no hizo lo que Edison y otros inventores harían muchos milenios después?

Por qué no cambió los materiales -o algo- en la técnica de prueba y error?

Dejó al ser humano seguir poblando la tierra exactamente como lo había creado, con todo y el defecto de diseño y fabricación que él mismo había producido.

Si él hubiera sido el gerente general de la Ford, hubiera permitido que siguieran circulando automóviles Pinto, cuyo tanque de combustible explotaba?

De haber sido el presidente de la compañía de aviación McDonnell Douglas hubiera dejado que volaran aviones DC10, que se desarmaban en el aire?

Si hubiera sido el director de Volkswagen habría seguido mintiendo con las emisiones de gases tóxicos?

Si hubiera sido el fabricante de Samsung Note 7 dejaría que dos millones de teléfonos explotaran en la cara de sus dueños? (Samsung, al darse cuenta de su error eliminó del mercado todos los Note 7, con una pérdida de millones de dólares)

Pero dios ha venido haciendo todo lo contrario. Dios mantiene la receta original, el diseño original.

No mejora la fórmula, no modifica los ingredientes.

A lo más que ha llegado es a eliminar (sacar del mercado tipo Samsung) todos los ejemplares humanos malos.

Siguió fabricando la tercera, cuarta, quinta y demás millones de generaciones de humanos sabiendo que traían un defecto de fábrica, quizá esperando que se corrigiera solo, cosa que dios tendría que saber no ocurriría ya que él nos hizo y, lo que es aún peor, a su imagen y semejanza, como está escrito en el libro donde está su palabra, dictada al hombre por él.

Miles de millones de experimentos fallidos, toda la historia de la humanidad sin producir poco más que un par de ejemplares exitosos.

Qué compañía, qué empresa, qué fabricante podría operar con semejante porcentaje de error?

Cuánto tiempo hubiera durado en su puesto el director de una fábrica que sólo produce modelos defectuosos?

Pero dios insiste e insiste con el mismo modelo, quizá esperando que "por milagro" se corrigiera solo.

Dios esperando… un milagro?

Dios sigue fabricando humanos a diestra y siniestra y los humanos siguen saliendo defectuosos.

Asesinos, violadores, sádicos, ladrones, drogadictos, prostitutas.

Entre las creaciones más notables de ese modelo defectuoso hechas por dios están: Nerón, Calígula, Hitler, Stalin, Truman (quien ordenó lanzar las bombas atómicas sobre Hiroshima y Nagashaki -en Japón- matando en un segundo a más de doscientas mil personas)

Dios es el creador de todos los asesinos en serie, incluyendo el de la masacre de Las Vegas, los salvajes del Boko Haram en Africa y los terroristas del Islam.

Allá, en los comienzos, llegó el momento en que su paciencia se ve colmada, ya no aguanta más la maldad de sus hijos – su creación- y decide hacer algo radical.

Cambia el modelo? Revisa las partes malas?

Con su inmenso poder puede hacerlo, en un instante puede ordenar que nos hagamos buenos y asunto solucionado.

No lo hace. Tampoco elimina, cambia o mejora el sistema o la teoría del libre albedrío, toda vez que ha comprobado que no funciona.

No, el defecto de fábrica no es algo cuya culpa él esté dispuesto a reconocer, tampoco lo quiere corregir.

En lugar de eso toma una decisión brutal, eliminar a toda la especie humana de un golpe tremendo… decide matarlos a todos en el mayor acto de genocidio que conoce la historia.

Peor que Hitler, Mao, Atila o Nerón porque Dios a quien elimina es a sus propios hijos!

No sólo a los malos adultos, también los niños se irán en la masacre enorme y terrible, bebés que no tienen aún conciencia de cómo son las cosas, simplemente decide matarlos a todos.

Planea entonces el diluvio universal, una inundación gigantesca que terminará con toda la gente, repito, con todos sus hijos.

No se le ocurre que, utilizando su enorme poder, puede cambiar en un segundo las mentes humanas y eliminar el pecado y la maldad, es mejor matarlos (aunque ya sabe que tampoco eso es solución, conoce el futuro y sabe que los que vienen serán iguales a los que está despachando).

Y lo hace, se convierte en el asesino masivo más grande de la historia, mata moros y cristianos, mata a todos, excepto a Noé y su familia, de donde vendrán las futuras generaciones.

En lugar de cambiar el error de fábrica elimina todos los ejemplares, con la esperanza de que los nuevos saldrán mejores.

Los fabricantes de autos acostumbran hacer un "recall" cada vez que aparece un defecto en algunos de sus modelos. Llama todos los vehículos al taller, cambia la pieza defectuosa asumiendo el costo total, a veces arriba de los miles de millones.

En algunos casos saca completamente del mercado todos los autos malos, compensando completamente a los propietarios.

Como se ha mencionado, Samsung solucionó su problema con el modelo S 7, la batería de algunos explotaba. Más de dos millones de teléfonos fueron eliminados, destruidos, con un costo económico altísimo.

Así operan quienes aceptan que sus productos son defectuosos, así piensan y actúan quienes a base de prueba y error tratan de perfeccionar su obra.

Pero dios no hace nada "tan humano"; dios actúa con divinidad, dios mata, elimina, despacha, masacra todos los hombres y mujeres creados por él.

El problema no es que los mate, lo verdaderamente inaceptable e increíble es que el molde queda igual.

El ser creado por dios tiene defectos de fábrica que no corrige, como si se tratara de hormigas les lanza el diluvio y los elimina, pero conserva el error en Noé y familia y el error se irá reproduciendo conforme lo hagan los sobrevivientes.

No se dio cuenta que nos hizo defectuosos?

No puede aceptar que no somos lo que soñaba?

No puede, reconocer -eso es, reconocer- que él se equivocó... sólo que dios no puede equivocarse.

Y, si no puede equivocarse, cómo es que nosotros salimos y seguimos siendo así?

Ni el diluvio, ni la extinción masiva pudo arreglarnos.

El temor a un nuevo genocidio no es freno, los descendientes de Noé en pocos años vuelven a las andadas.

Las puertas del infierno siguen abiertas para tanto cliente, las bodegas de almas deben ser enormes, no sólo por los que ya contiene como por todos los otros que faltan, los millones de millones de generaciones que siguen poblando la tierra.

Y, aun así, con todas esas evidencias de que el modelo humano no sirve lo deja igual?

A qué gerente de fábrica, a qué presidente de empresa se le permitiría fracaso tras fracaso, el fracaso eterno?

Por qué no nos arregla por las buenas, utilizando sus poderes y la bondad de un padre?

Por qué permite que sigamos yendo al fuego eterno, teniendo en sus manos la solución?

Por qué permite que nos sigamos matando entre nosotros?

El ya sabe que no funciona, lo sabe desde que nos concibió, antes aún de formar a Adán, dios ya sabía que la cosa no iba a funcionar, pero insiste en su error.

Los mismos errores producen los mismos resultados; aun los humanos hemos comprendido eso, pero no dios.

Si él no supiera el futuro, si no fuera todopoderoso podría haber una excusa.

Pero no, si de verdad existe un dios todopoderoso, que sabe todo lo que ha ocurrido y lo que ocurrirá hasta la eternidad, por qué persiste en lo que no funciona?

El modelo ha fallado, la excusa del libre albedrío también ha fallado, el fabricante supremo también ha fallado.

Dios ha fallado.

Pero no está solo, a su lado también están todos los dioses de la antigüedad y con el paso del tiempo le irán acompañando los nuevos que la mente humana vaya creando durante los eones por venir.

La única pregunta posible que queda por hacer a estas alturas es: Por qué los hombres, al menos una gran mayoría de éstos, no pueden ver que sus creencias son falsas, que todas las historias bíblicas, santos y santones, vírgenes, ángeles y arcángeles, querubines y otros seres míticos no son otra cosa que leyendas tan fantásticas como las alfombras mágicas o los caballos voladores?

Ignorancia, miedo a la muerte, necesidad de creer que la vida no termina al morir?

Fabricamos cielos para poder ser eternos, fabricamos infiernos para enviar ahí a todos los que no son como nosotros.

Al principio ponemos el cielo a nuestro alcance, un poquito arriba de las nubes.

Los primeros aviones terminan con ese mito, entonces lo enviamos más largo, a lo profundo del espacio, hasta que los telescopios nos muestran los confines del universo y el cielo sigue sin aparecer por ninguna parte.

Acorralados por la ciencia, los que persisten en creer, trasladan ese cielo a otra dimensión, un lugar que –a diferencia del amplio cosmos- jamás podremos escudriñar.

No, el nuevo cielo ahora no está al alcance de máquinas, sólo de los espíritus o las almas, está en otro plano, en otra "realidad".

El mito llega más allá del extremo de lo razonable.

Está fuera del alcance humano, de la comprensión de algunos y de la credibilidad de otros.

Está en un lugar donde sólo la fe ciega puede llegar. Una fe utilizada durante milenios por los explotadores de la ignorancia y el temor humanos.

Por qué seguimos creyendo en el Dios Fallido?

Quizá porque después de todo sí fuimos hechos a su imagen y semejanza.

Tal y como él se equivoca con cada ser humano que nace, fabricado con la misma vieja receta, nosotros nos equivocamos con cada dios que creamos.

El NACIMIENTO DE LOS PRIMEROS DIOSES

Imaginemos un hombre primitivo, el primer ser humano, apenas un poco diferente de los otros simios, sus primos, allá en el pasado lejano, en la aurora del hombre.

Reunido con su familia en una caverna que le da protección contra los animales y refugio contra las inclemencias del tiempo observan hacia afuera, la noche es iluminada frecuentemente por relámpagos y su silencio roto por los truenos.

No sabe lo que sucede, no tiene idea de qué o quién provoca todo aquello, incluyendo el agua a veces tan beneficiosa, a veces tan terrible, cuando las corrientes hacen crecer los ríos que destruyen todo a su paso o cuando su falta les hace agonizar de sed.

Todo le es desconocido. Los rayos que ocasionan formidables incendios, el rayo con la potencia que convierte por momentos la noche en día y el viento, con la fuerza de un monstruo, que es capaz de levantar árboles y animales.

Ese peludo antepasado nuestro, habitante de la prehistoria, no tiene idea de por qué ocurren las cosas; pasarán millones de años antes de que sus descendientes descubran y "domestiquen" la electricidad.

No sabe aún de la existencia de espíritus, dioses o seres superiores, de todo lo que ocurre a su alrededor sólo entiende dos cosas: comer y evitar ser comido.

Supervivencia en un mundo hostil que no comprende, sobrevivir por sus propios medios, eso es lo único que cuenta.

No ha utilizado aún su primer instrumento que será quizás una roca lanzada por instinto contra algún depredador, en el último instante de una batalla por su vida.

Pasará mucho tiempo antes de que aprenda a utilizarla como arma para defenderse, cazar, atacar.

Todavía no tiene idea de que su enemigo temible, el fuego, puede ser su aliado y convertido también en un arma que le hará superior a todos los seres del planeta.

En ese amanecer del hombre, qué puede pensar de las tormentas?

Cuál puede ser el origen del rayo?

Todas aquellas explosiones enormes en el cielo no pueden venir de un igual, no puede concebir la existencia de un ser que siendo igual a él, sea capaz de provocar todo aquello.

Su miedo e ignorancia le llevan por el único camino posible... forzosamente tiene que venir de una fuerza superior, un ser superior!

En la oscuridad de una noche tormentosa, empapado y asustado junto a su mujer e hijos, quizá en unión de otras parejas, formando una de las primeras tribus, los ojos saliendo de sus órbitas por el miedo, lo desconocido le hace comprender la existencia de un ser poderoso y terrible; el primer dios ha nacido!

Pero todavía es muy temprano para tratar entenderlo, amarlo o conocer sus reglas, es apenas el momento de temerlo.

Generaciones y generaciones vienen y se van, los avances materiales son pocos, aún no conoce la agricultura, se vive de la recolección de lo que quiera cuelgue de las ramas más cercanas, la cacería empieza a tecnificarse; pero esa técnica es rudimentaria, apenas consiste en toda la tribu corriendo detrás de la presa en una competencia a quién se agota primero, aún no se inventan las trampas, lanzas, el arco o la flecha.

Pasan unas cuantas decenas de miles de años, el hombre ya conoce el uso de algunas herramientas, posiblemente ramas de punta filosa capaces de traspasar la piel de sus presas y, lógicamente, la carne de hombres de otras tribus.

Alimentarse es la prioridad, sólo superada por la de sobrevivir a las fieras y a los enemigos.

El trueno y los rayos siguen siendo un misterio que prevalecerá por millones de años. Todavía no ha madurado la idea de ese ser superior que los lanza por castigo, sólo sabe que existen y que son terribles.

El sol ha cobrado nuevo respeto, proporciona calor para combatir el frío de las nieves y el hielo, aunque algunas veces el calor es demasiado y lo convierte en asesino.

El sol es un ser vivo que, al igual que el hombre, descansa en las noches, se va a otro lado, a su residencia, es todopoderoso, adquiere personalidad, se convierte en el primer ser superior; el primer dios.

En lo elemental de su conocimiento le atribuye al sol lo mismo que sabe de su alrededor. Es masculino, es un hombre igual que él, es infinitamente poderoso.

Es tan poderoso que comanda el clima en la tierra, la vida y la muerte.

Y ese dios, naturalmente, es su padre. De alguna manera deduce que el sol es su padre, su creador que, además, puede conceder deseos, puede ayudar si se le pide en debida forma, a lo mejor con oraciones y sacrificios.

Quizá ya un primer sacerdote ofrece las respuestas a las preguntas que van surgiendo en la necesidad de comprender el planeta y las reglas del juego.

Dios tiene una compañera, la diosa de la noche, caprichosa, cambia de tamaño, no calienta y alumbra poco, pero también vive en el cielo.

Una nueva porción de tiempo -mucho tiempo- y ya el Sol está consolidado como dios absoluto, aún no nacen las religiones, faltan primero otros dioses, más pequeños que el sol, encargados de controlar el viento, la lluvia, los océanos, el fuego y hasta los que dominan algunas emociones de las cuales el hombre empieza a tener conciencia.

Odio, miedo, amor, deseo sexual; todo es producto, todo depende del dios supremo o los dioses menores, creados por ese hombre primitivo a fuerza de ignorancia y temor.

Todo lo que no tiene explicación proviene de dios, todo lo que crea o destruye, premia o castiga, alumbra u oscurece viene de dios.

Y entonces, cuando ya se tiene respuesta a las preguntas lanzadas por el temor, la ignorancia y el instinto, cuando ha sido creado el dios todopoderoso hacedor y dueño de todo, el hombre se enfrenta a la más grande interrogante de todas, una que hasta el presente sigue siendo la de más difícil respuesta: qué pasa después de la muerte?

Llevamos millones de años luchando por sobrevivir, desafiando a la muerte cada día. Pero ésta llega de todas maneras, más temprano o más tarde, nadie escapa.

Termina ahí todo? La muerte es el fin de cada ser humano?

Ya el hombre domina a todas las criaturas, de todas las especies, incluyendo a la mayoría de los virus. No ha sido hecho a imagen y semejanza de dios, pero ya domina, es algo especial.

Consciente de eso se pregunta y vuelve a preguntarse, terminará todo para el hombre con la muerte?

Y qué hay del otro mundo, ese donde habitan los dioses?

Será posible que al morir nos reunamos con el sol, nuestro padre?

Alguien, quizá ya el remedo del primer sacerdote tiene una respuesta que satisface a todos… el hombre cuando muere va a la morada de los dioses, va a convivir con ellos. Inclusive es posible que, de alguna manera, el hombre se convierta en dios.

Este es el nacimiento del espíritu o el alma, la necesidad de sobrevivir a la muerte.

Cuando morimos la esencia de nosotros permanece viva y se va a la morada de los dioses.

No sólo somos materia que se comen las fieras o los gusanos, somos y tenemos algo especial, una parte de dios puesta "dentro" para diferenciarnos de los animales, tenemos algo que vive eternamente después de la muerte.

Dios nos ha dado la inmortalidad!

Para obtenerla sólo tenemos que seguir sus órdenes, acatar sus deseos y no provocar su ira.

Pero, cómo sabemos cuáles son las órdenes, deseos y qué provoca la ira de los dioses?

En la búsqueda de respuestas a esas preguntas se inicia el nacimiento de las primeras religiones organizadas.

Y con ellas la llegada de los intérpretes de dios, hombres elegidos por dios para hacer saber al resto de los mortales todo lo que dios quiere, lo que lo halaga y lo que lo enoja.

El supremo sacerdote!

LA MUERTE Y SU RELACIÓN CON EL NACIMIENTO DE LAS PRIMERAS RELIGIONES

Hemos hablado de los posibles orígenes psicológicos o sociológicos de las religiones; orígenes basados en el miedo y la ignorancia, elementos que seguirán al hombre durante toda su jornada por la tierra, desde la caverna hasta la Estación Espacial Internacional.

Pero, en forma estructurada, ya hay suficientes indicios arqueológicos irrefutables de que allá, en la alborada del hombre, en el período llamado Paleolítico Medio, los primeros humanos, simios pre-Homo sapiens, ya tenían un comportamiento religioso.

Sepulturas ordenadas, intencionales, algunas de las cuales incluyen objetos para acompañar a los muertos, son realmente formas comprobadas de prácticas religiosas.

Los neandertales fueron los primeros homínidos en enterrar intencionalmente a sus muertos, demostrando "Una preocupación por el fallecido que trasciende la vida terrestre"

Tenemos entonces que, la ignorancia y preocupación por la muerte o, la vida después de la vida, es la precursora de todas las religiones y la consolidación de todos los dioses que han existido desde el comienzo de los tiempos.

Con muy pocas excepciones en todas las culturas, en todas las épocas, la muerte – el igualador supremo- ha recibido especial atención, dando paso a la formación de ritos que van desde el entierro en la posición fetal en la que venimos al mundo, hasta los grandes funerales de los faraones egipcios.

Tumbas dentro de monumentales pirámides que se empiezan a construir mucho antes de que se produzca la muerte.

Entierros donde el difunto va acompañado de todos los objetos preciosos y artículos personales que pueda necesitar en la otra vida, a veces incluyendo a los desgraciados de sus sirvientes o esclavos, que reciben el "premio" de acompañar a sus patronos por la eternidad, aunque quizá aún gozando de salud y juventud.

Con muy pocas excepciones, la muerte –y no la vida- es el origen de todos los cultos y todas las religiones.

La vida es sólo la preparación para la muerte; quizá porque como es lógico, se sabe que en ésta pasaremos más tiempo.

LA REPETICIÓN DE LOS DIOSES

Al igual que los desechos de todo ser humano se reciclan, de milenio en milenio los dioses también se reciclan.

Todos los dioses tienen una historia parecida, aunque para quienes creen en los actuales todos los anteriores sólo eran mitos en los cuales creían las mentes primitivas de la época, cualesquiera que ésta fuera.

Así como los Sumerios hablan de dioses que formaron al hombre del barro y cuentan la leyenda de una gran inundación, el dios de los Judíos formó al hombre y de igual manera Noé sobrevivió otro diluvio universal.

Pero muy pocos judíos reconocerán el origen árabe de su dios.

Nadie aceptará que hubo "libros sagrados" antes que los suyos, aunque éstos muchas veces son evidentes copias de los originales.

Y muy pocos, también, tendrán el valor de aceptar que si su libro sagrado comienza con un relato falso y que mientras más se adentra uno en su páginas sigue encontrando relatos obviamente falsos, todo el resto de ese libro sagrado es también falso.

Adán y Eva, por ejemplo, jamás existieron, cosa comprobada científicamente ya que esa leyenda tiene apenas 6 mil años y los fósiles humanos o humanoides están datados de hace varios millones de años.

Adán y Eva no existieron, tampoco su descendencia, cómo entonces puede haber habido un Abraham o un Moisés?

Sólo en leyenda, como todo lo que se dice en la Biblia.

Cuando los cimientos de un edificio son falsos o débiles, todo el resto lo será también.

LA MUERTE EN LA ACTUALIDAD

En el presente se conserva al ritual de la muerte en todas partes y por todas las civilizaciones.

Los hindúes acostumbran quemar a los muertos y la explicación de esta tradición es más bien sencilla: Ellos creen en la reencarnación y que ésta es un paso a un estado mejor, para ellos la muerte es más bien una superación; los muertos se queman "después de ser purificados en el sagrado Río Ganges" para no retrasar su reencarnación, cosa que ocurre si el cadáver es enterrado, donde puede pasar mucho tiempo antes de que se convierta en polvo.

La incineración, pues, es un acelerador en el proceso de reencarnación. Pero eso de la reencarnación obviamente sólo funciona para los que creen en ella, los demás se pudrirán y jamás reencarnarán.

O quizá sí, como creen otros, al final de los tiempos, cuando vengan a juzgar a los vivos y a los muertos.

Hay algunos que tienen dos mil años esperando ese día, con toda sinceridad creo que esperarán por siempre.

Otras costumbres relacionan más lo espiritual con medidas sanitarias, los musulmanes tienen que enterrar a sus muertos después de ungirlos con ciertos aceites y envueltos en sudarios. Los más ricos pueden pagar un ataúd.

No es buena costumbre para ellos llorar en los entierros, pero está permitido de todas maneras.

Para ellos existe un "paraíso" el cual está lleno de castillos y palacios, ricos manjares y muchas vírgenes.

Existe también un infierno, pero no es del fuego eterno ya que es nada más un lugar de purificación después del cual también van al paraíso.

Los católicos entierran a sus muertos después de celebrar una misa de difuntos y acostumbran rezar por nueve o más días.

Para ellos existe un cielo y un infierno. En el primero está Dios y el disfrute del cielo está casi limitado a "estar en su presencia".

Estar eternamente cerca de dios después de muerto es el objetivo de su vida.

En el Infierno está su contraparte, el Demonio, quien se deleita torturando a sus huéspedes por toda la eternidad.

En este momento vale la pena preguntar: "Trabaja el demonio por su cuenta? Es libre de infringir todas las terribles torturas y castigos que se supone son su especialidad?"

O es un empleado de dios para hacer "el trabajo sucio?"

Es el demonio, en el infierno, el encargado por dios para castigar a quienes no creyeron en él o ser portaron mal?

Para el judaísmo no existe el cielo o paraíso, tampoco el infierno. Todas las acciones son premiadas o castigadas en esta vida. Tampoco en sus libros sagrados, la Biblia o el Talmud, se menciona la reencarnación.

No es muy preciso para ellos lo que ocurre después de la muerte, existe un criterio –no avalado por las escrituras- que el espíritu finalmente se reúne con su creador y el cuerpo regresa a la tierra de donde dios le dio su forma material.

Siendo materia y espíritu, finalmente éste va donde dios y la materia a la tierra.

Los cristianos, quienes se auto nombraron herederos de la Biblia y sus tradiciones, "crean" también el cielo, donde van los muertos que se portaron bien en su jornada por la tierra o los que se arrepintieron a tiempo por haber sido malos.

Qué hay que hacer para lograr llegar a ese cielo? Seguir las instrucciones de los sacerdotes, monjes, santones o profetas; esa es la receta infalible, de lo contrario van a parar al infierno.

Ojo, pero no todos, existe una etapa previa, un lugar en donde aún es posible lograr la salvación… el purgatorio.

Ahí se pagan los pecados para evitar ir al infierno.

Un criminal terrible, Hitler o un violador de niños y asesino, siempre encontrará el camino al cielo, escapará de todo castigo si se arrepiente en el último momento de su vida.

Pero, ojo, todo aquél que no fue bautizado va directo al infierno pues carga con el "pecado original" cometido por Adán y Eva, que no existieron.

Hay gente seria, no muy imbécil, que cree en esas cosas y que no puede entender lo increíble e injusto de todo eso. Pero, aún hay más en esas leyendas.

También antes existía "el limbo", un lugar donde iban a estacionarse todos aquellos inocentes a quienes no se les "curó" del pecado original por medio del bautismo.

Millones y millones que murieron estuvieron estacionados en el limbo "esperando" el momento de ser trasladados al lado de dios.

Pero, repentinamente, después de quinientos o más años, el limbo fue eliminado, alguien de la Iglesia Católica decidió que no existía y, de un plumazo, lo hicieron desaparecer.

Qué sucedió con las almas que esperaban turno? No se sabe, como ocurre con todo lo relacionado después de la muerte, nunca se sabrá.

EL ENRIQUECIMIENTO DE LAS RELIGIONES

No me refiero a las enormes cantidades de dinero y riquezas que han manejado durante todos los tiempos, es más bien a la complejidad que han desarrollado los ritos.

Ayunos, autoflagelaciones, rezos, cantos, oraciones, bailes, tortura y muerte a los infieles, tortura y muerte a los herejes y ateos, exorcismos, maldiciones, sanaciones, misas, animales demoníacos, animales sagrados, espíritus malignos, comidas y alimentos prohibidos, comidas y alimentos especiales,

Supremos sacerdotes, papas, imanes, rabinos, monjas, sacerdotisas, ángeles, arcángeles, querubines, demonios menores, entes satánicos, trajes rituales para cada ocasión, demonios mayores, muchos adornos dorados, gorros y sombreros especiales, turbantes que denotan el rango de quien los porta, cilindros de madera que sacerdotes hacen girar, adoración de santos, piedras y reliquias sagradas, templos y símbolos sagrados y también símbolos malditos, números cabalísticos, números de "la bestia", aguas benditas, aceites especiales para "ungir" a los muertos, imágenes de santos y santas, medallas, votos de silencio, castidad y abandono de la sexualidad, días sagrados, semanas sagradas, meses sagrados e, inclusive, años sagrados, puertas santas, reliquias, santos cuya sangre se licúa periódicamente, sudarios, pedazos de una cruz, cáliz sagrado, más reliquias, etc.

Como no existe evidencia científica de la existencia de dios, muchos alimentan sus supersticiones con reliquias de toda clase, incluyendo tajadas de pan tostado donde aparece la silueta de Cristo.

Esa silueta, al igual que la que aparece al cortar un árbol o en el resplandor de una ventana, es la silueta del Cristo estilizado que se nos ha enseñado, la concepción artística de la leyenda, ya que nadie sabe verdaderamente cómo lucía, nadie sabe cómo era... o si en realidad existió.

Por qué Cristo elige presentarse como lo ha estilizado el hombre y no como realmente era?

Por qué acepta esa apariencia?

Acaso no debería enseñarnos de una vez por todas cómo era su rostro, si usaba barba o era lampiño, el color de sus ojos, el color de su cabello estatura, peso etc.

Todas sus características personales y no las que el hombre le ha atribuido?

Estamos haciendo a Cristo a nuestra imagen y semejanza?

Bonito con el concepto actual de belleza, ojos azules, cabello rubio, piel blanca, abdominales de artista de cine, barba a la moda.

Existe en la mente del hombre campo suficiente para almacenar –y muchas veces creer- todas las invenciones que las diferentes religiones han creado y que constantemente siguen creando.

También las religiones se adaptan al paso de los tiempos y a los descubrimientos científicos que se van produciendo y que ponen en evidencia el origen no mágico de sus preceptos.

El paraíso primero fue ubicado en las nubes y luego trasladado un poco más arriba, según los aviones y naves espaciales iban demostrando que su ubicación no era exactamente en el "cielo".

Como he dicho, finalmente, al no resistir la presión de telescopios y radiotelescopios modernos, el cielo fue instalado en un lugar impreciso, una especie de otra dimensión, al igual que el infierno, que primero estaba debajo de la tierra y luego "dentro" de nuestros corazones o en otro lado que nadie sabe realment dónde diablos queda.

Inclusive un papa católico declaró algunos años antes de morir que él realmente no sabía si el infierno existía, quizá olvidando que, si no existe el infierno tampoco el cielo, si no hay castigo no hay premio.

De no haber infierno los asesinos pequeños así como los grandes criminales se van a la eternidad impunes.

Recordemos, si no hay castigo tampoco habrá premio al final de la vida.

Hasta hace no mucho tiempo el primer mandamiento de la religión católica era "No tendrás otro Dios más que a mí", como se puede comprobar en cualquier biblia no tan antigua.

Repentinamente alguien se dio cuenta que eso significaba aceptar la existencia de "otros dioses", consecuentemente se modificó a "Amar a Dios sobre todas las cosas".

Pero acaso la Biblia no fue dictada por Dios, entonces él sí reconoce la existencia de otros dioses, aunque sus seguidores los traten de eliminar cambiando un texto proveniente del mismísimo Dios.

El concepto de "santo" tiene diferentes significados según las religiones y los tiempos. Para los musulmanes las guerras pueden ser santas, dependiendo de la época y la situación política, pero otros entienden por "santo" a un elegido de dios.

Para algunos matar es pecado, para otros matar –si se hace en nombre de dios- no sólo es santo, está permitido y hasta puede ser ordenado por el mismo dios quien, de paso, premiará al que asesine.

El dios del Islam paga la obediencia con favores sexuales. Aquél que se inmola en nombre de Alá recibe como premio siete o más concubinas vírgenes.

La Iglesia Católicas asesinó y torturó a centenares de miles de inocentes, con las más horrendas máquinas de tortura jamás concebidos por el hombre y lo hizo en el nombre de dios, mató y despellejó mujeres y hombres, por el mandato de dios.

Siglos después pidieron perdón a todas las víctimas, aunque éstas ya estaban muertas, después de haber sufrido lo inconcebible.

Te freí en aceite, te mandé a la hoguera, te monté en el "potro", te colgué de los genitales y ahora te pido perdón.

Hubo santos que lucharon contra criaturas mitológicas como dragones y otros que se despojaron de sus bienes y ropas, pasando a vivir en la miseria como prueba de su devoción.

Los hay que se castigan provocándose dolor con extraños aparatos de auto tortura y otros cuyo premio para acciones suicidas asesinas son el ofrecimiento de siete vírgenes en el cielo. Aquí tenemos un dios que paga la obediencia con favores sexuales.

Hay vinos sagrados y puertas santas, hay unos que rezan cinco o más veces al día apuntando hacia un lugar sagrado, donde hay una piedra desde la cual un profeta voló hacia el cielo.

Otros repiten y repiten oraciones incansablemente, esperando que todas –o al menos una de ellas- sea oída por un dios omnipresente, que debía saber, sin necesidad de que se le rece, cuáles son las necesidades de sus hijos y, como todo buen padre, tratar de complacer, lo que no es difícil para alguien todopoderoso.

Los hay que rezan para tratar de cambiar la voluntad de dios y enviar al cielo a quien, sin esas oraciones posiblemente sería un seguro candidato del infierno.

Hay aguas benditas, así como vinos y aceites sagrados, pan que "recuerda" acontecimientos de hace tres o más miles de años y señales religiosas que consisten en tocarse el pecho y frente uno mismo en señal de devoción y sometimiento.

Hay sacerdotes que con sus manos apuntan a los fieles y éstos parecen recibir algún tipo de comunicación o sensación mágica, como si el poder de su dios saliera de sus manos en una especie de rayo invisible, con más fuerza que los lanzaba el emperador en la "Guerra de las Galaxias".

Hay unos que se hincan en señal de sometimiento y otros que se acuestan totalmente, así como los hay que brincan repetidamente por la misma razón.

Todavía se sacrifican animales para "agradar" a dios, pedirle un favor o perdón por algo, como si a un dios verdadero le agradaría la muerte de una de sus criaturas, ya sea una oveja, una gallina o un sapo, todas criaturas de dios, todos sus hijos.

Le importará a dios que alguien mate una paloma o una vaca para agradarle?

De verdad alguien puede creer que a dios le gustan los estúpidos supersticiosos?

Le gustará a dios que alguien repita miles de veces la misma oración, el mismo Padre Nuestro o Ave María, una y otra vez, miles o millones de veces?

Estará dios dispuesto a cambiar sus designios - curar al enfermo o posponer la muerte de alguien- simplemente porque le recen y repitan la misma oración hasta el cansancio?

Acaso las enfermedades no son también enviadas o permitidas por dios?

Y, después de que él decide por anticipado quién vive y quién y cuándo muere, de verdad puede creer alguien que sanará por un sacrificio animal, una o miles de oraciones?

Y más allá, de verdad alguien puede creer que dios cambiará el destino de un alma (del infierno al cielo) porque sus parientes y amigos recen o contraten misas para pedirlo?

De manera que fuiste pésimo toda tu vida y esperaba el momento para castigarte por tus pecados, pero cuando finalmente tengo tu alma al alcance de mi castigo eterno, si te rezan nueve misas y un millón de "rosarios", cambio de parecer y te doy "visa" para el cielo.

Cómo alguien puede creer en un dios así?

Cómo alguien puede seguir creyendo esas cosas en esta época en que la ciencia ha demostrado el origen de todo, un origen no mágico no divino, el origen natural y sencillo dentro de lo complicado.

Pero más sencillo y aceptable que un enorme e improbable "hágase".

Un hágase pronunciado por un amigo imaginario, lleno de poderes extraordinarios, fantásticos.

Un ser tan poderoso que fue capaz de crear millones y millones de galaxias, sistemas solares, planetas.

Un ser tan poderoso que fue capaz de crear la vida.

Pero que es incapaz de corregir todos los defectos con los que dotó a su máxima creación, el hombre.

Un ser súper poderoso, más que Supermán o Aquamán, pero que no puede corregir los defectos con los que creó al hombre y que tampoco ha logrado producir una versión mejor del "libre albedrío", el cual ha sido demostrado durante todos los tiempos que no funciona.

La mayoría de las veces, cuando el hombre ejerce el derecho divino del libre albedrío, el mismo hombre demuestra que esa genial creación es imperfecta, fallida.

De lo contrario no abundaría el crimen, los abusos sexuales, la corrupción, los asesinatos, el hurto, las masacres sangrientas que son el verdadero pan nuestro cada día.

Por qué el creador total, el ser superior capaz de transformar la noche en día y detener los soles no puede corregir el defectuoso libre albedrío, por qué no ha podido crear una versión perfecta del hombre o una versión más adecuada a la realidad del libre albedrío, sabiendo desde el principio que no serviría y que jamás lo hará.

Las mismas acciones siguen produciendo los mismos resultados, también los mismos errores producen idénticos efectos.

Y, porqué, ante todas las preguntas sin respuestas razonables, esas que no puedan ser aceptadas por algo más que por la fe ciega, el hombre encuentra la manera de justificar la falla de dios?

De alguna manera, para sostener sus creencias y su ilusión de la vida después de la muerte, encuentra la manera de justificar las fallas de dios.

Un niño que muere antes de nacer, un niño que nace con su cuerpo o mente defectuosos, un niño cuya vida será un valle de lágrimas debido a que nació con la espalda torcida, los ojos sin visión o las piernas enroscadas?

El afán de vivir después de la muerte hace que muchos acepten fallas en su dios que no aceptarían de un empleado en un puesto de ínfima categoría.

Somos capaces de "comprender" o disculpar a un dios que envía un tsunami que mata de un golpe trescientas mil personas.

Somos capaces de perdonar y comprender a dios en sus múltiples fallas, pero no podemos hacerlo con un ser humano por un pequeño error, a pesar de que fue hecho a imagen y semejanza de ese dios.

Sacerdotes de doradas vestiduras y pastores de lujosos abrigos entienden y conocen a la perfección el pensamiento de dios, saben hasta el último motivo de lo que hace y por qué lo hace, pero no pueden entender los motivos del hombre.

Pero hay algo peor: cada vez que alguna religión se enfrenta a una pregunta sin respuesta respecto a su dios o dioses, cómo por qué hay niños que nacen defectuosos o mueren a temprana edad, inmediatamente se lo atribuyen a "los misterios de dios".

Pero también rápidamente corren a explicar los mandatos divinos que les envían a ellos, de manera especial cuando esas órdenes les confieren poderes, entre ellos el de ser sus auténticos intérpretes.

Dios y religión, ambos son inventos del hombre para negociar con la eternidad, no muy diferente en la actualidad como lo eran en el pasado los que ordenaban embalsamar a los muertos para "garantizar" la vida eterna.

NUEVAS RELIGIONES

Siempre, constantemente, están apareciendo nuevos "iluminados", gente que cree haber visto a dios y recibido su mandato.

Mormones, cienciología y otros cultos pseudoreligiosos siempre encuentran en la ignorancia y el miedo un "mercado" donde vender sus ideas, un terreno fértil de nuevos creyentes que, en algunos casos, son capaces de llegar al suicidio o asesinato masivo en la locura que le produce su encuentro con dios.

Y las viejas religiones de alguna manera reciben visitas de vírgenes, santos, imágenes de Cristo y otro tipo de comunicaciones que mantiene su superstición vigente, renovada con milagros inventados por la ignorancia.

Sólo la ignorancia o el miedo que ésta produce puede hacer a alguien creer que con oraciones se curarán enfermedades que, de cualquier manera, tienen que haber sido provocadas o permitidas por cada dios particular.

Dioses tan pequeños, tan humanos, que están dispuestos a cambiar el destino de la gente, destino que tiene que haber sido diseñado por ellos, a cambio de oraciones, sacrificios de inocentes animales e inclusive de seres humanos.

FINAL

La única solución ahora, cuando la ciencia ha demostrado la verdad de dios y dioses, es la adaptación de todos ellos a los tiempos modernos o, lo que posiblemente vendrá en algún tiempo… la creación de un nuevo dios.

Un nuevo dios que responda a lo poco que aún desconocemos sobre el origen el universo y la vida. Una nueva fantasía para llenar el vacío de terror que se produce en la mente de algunos cuando finalmente comprenden que no hay vida después de la vida y que la muerte es sólo un suceso natural que no conduce a ninguna otra parte, a ningún otro nivel, a ninguna otra vida.

El miedo de saber que no existe algo llamado alma, ni espíritu, ni reencarnación, ni cielo, ni infierno, ni nada, sólo lo que ya tenemos; la vida que poseemos y que puede ser más grande que cualquier cielo y, lamentablemente peor que cualquier infierno y para cualesquiera de las dos cosas no se necesita de uno o varios dioses.

No tardará mucho en aparecer un profeta, un visionario con un nuevo dios y nuevas reglas del juego, que posiblemente serán sólo una adaptación de todo lo que ha existido desde la antigüedad.

La ignorancia y el temor que produce ya ha creado nuevos mitos y parafernalia, como una cosa llamada Scientología, una versión religiosa de lo que fue una novela de ciencia ficción, no muy diferente en esencia a las creencias provenientes de otro texto de ciencia ficción: la Biblia.

Le invito a que viajemos a un futuro posible, a una versión apocalíptica que puede conducir a la creación de un nuevo dios, uno totalmente nuevo, sólo diferente en nombre.

Pensemos por un momento que la mayoría de los seres humanos desaparecen de la Tierra, que la actual civilización es barrida y el hombre enviado de vuelta a las cavernas.

En diez o veinte mil años de nuevo, poco a poco, una nueva civilización emerge.

De todo lo que existió no queda nada, no hay ruinas, monumentos, nada.

Pensemos entonces que sólo un libro logró salvarse y que después de muchos esfuerzos, incluyendo el de reconstruir la civilización, ese libro es descifrado, ¿cuál sería su efecto en la humanidad?

Pero, un momento, ¿cuál sería ese libro?

Supongamos que el único libro que logró sobrevivir a lo largo de los milenios y que finalmente llegó a manos de la nueva civilización es no otro que El Señor de los Anillos de J.R.R. Tolkien.

CREACIÓN DEL NUEVO DIOS

Sin duda la nueva humanidad creería que los Elfos, Hobbits, Enanos y Gigantes, árboles que hablan, que magos y hechiceros existieron alguna vez y Sauron sería el nuevo Lucifer.

Creerían en eso al igual que en la actualidad hay muchos que creen en ángeles, arcángeles, querubines y serafines y otros seres mágicos no muy conocidos como Tronos, Dominaciones, Virtudes, Potestades, Principados, todos ellos ni más ni menos que fantasías que aparecen en la Biblia.

La nueva civilización tomaría a Gandalf como un enviado de dios, con grandes poderes para luchar contra el mal, volando sobre el lomo de gigantescas águilas o cabalgando un incansable caballo blanco.

La odisea de Frodo sería objeto de culto y posiblemente imágenes suyas empezarían a surgir por todas partes y mucha gente le rezaría, orando por sanación, riqueza, milagros o cualquier tipo de ayuda.

Todos sin duda creerían que el santo libro fue dictado por dios para guiar a la humanidad.

Al igual que muchos gastan tiempo y esfuerzo tratando de localizar el punto exacto en el que descansa la legendaria arca de Noé y otros buscan el lugar en el Monte Sinaí en donde dios en persona le entregó los Diez Mandamientos a Moisés, los seguidores de Frodo tratarían de encontrar "las tierras medias" o el Monte del Destino.

Muchos arqueólogos buscarían el lugar en donde estaba ubicada "La Comarca" y otros, sin duda, tratarían de encontrar el mismísimo "Anillo Único", forjado por Saurón, tal y como en la actualidad muchos buscan incansablemente la supuesta Arca de la Alianza bíblica, para entrar en contacto directo con dios, al estilo de Indiana Jones.

Qué tiene más fantasía: El Señor de los Anillos o la Biblia?

La verdad es que no hay mucha diferencia entre ambos.

Los elementos básicos que los forman son los mismos. El bien y el mal, héroes y villanos, poderes mágicos y milagros, amor, odio, intriga y, al final, premio para los buenos, castigo y destrucción para los malos.

Para crear un dios el requisito más importante es la ignorancia. Entre menos se sepa sobre el origen de los fenómenos naturales más fácil es atribuírsele a seres todopoderosos.

Tomemos algo tan sencillo como una cueva; qué hay en el fondo desconocido de cada caverna oscura? Generalmente se cree que algo malo, tenebroso, proveniente, desde luego, del mismísimo Satanás.

Conforme algunos atrevidos la van explorando hasta llegar al fondo y se van dando cuenta de que no hay nada de sobrenatural en ella, el misterio desaparece... hasta encontrar la siguiente cueva inexplorada.

Así ha ocurrido con los fenómenos naturales, en un principio atribuidos a dioses o demonios, supersticiones que van desapareciendo conforme se sabe el origen de rayos, eclipses, terremotos y maremotos, pestes y enfermedades.

La ciencia los va descifrando, la ignorancia desapareciendo. No obstante, el hombre -en su estupidez- siempre está dispuesto a construir nuevos dioses según quedan misterios por descifrar (afortunadamente cada día menos).

Ya sabemos cómo se inició el universo y su edad, estamos muy cerca de resolver el origen de la vida; ya casi no queda nada que la ciencia ignore, excepto saber por qué el hombre está más dispuesto siempre a creer en poderes mágicos que en una clara, diáfana e indudable comprobación científica.

Llegará un día en que la humanidad pueda sacar de su cerebro toda la oscuridad que arroja la superstición y el miedo a la muerte?

Sin duda, tomará tiempo, pero es algo que tiene que llegar, tal y como poco a poco todos entendieron y aceptaron la redondez de la Tierra, después de que la totalidad de la humanidad creía que era plana.

Ante la evidencia incontestable de que es redonda nadie cree otra cosa?

No hay que estar tan seguros, existen testimonios de que Adolfo Hitler y otros de su pandilla llegaron a creer que la Tierra era cóncava!

Fue por eso que cuando el primer astronauta voló alrededor del planeta (Yuri Gagarin, ruso, 1961) los titulares de todos los diarios del mundo dijeron: al fin se comprueba la redondez de la Tierra.

Magallanes la había circunnavegado por primera vez en 1519, pero los fanáticos e ignorantes de siempre seguían dudando (la Biblia dice que es plana) por lo tanto, había que verla desde arriba para estar seguros de su redondez.

Este ensayo tiene que terminar citando a uno de los hombres más inteligentes que ha producido el planeta tierra en toda su historia, las palabras de quien comprendió cómo funcionan las cosas tienen que venir al final:

Como dijo Einstein "hay dos cosas infinitas, el universo y la estupidez humana… y no estoy tan seguro del universo".

Y algunas que creo mías, jamás comparables, pero que tengo que poner: la estupidez es innata en el ser humano, la ciencia hay que aprenderla

Made in the USA
Columbia, SC
29 June 2023